SEMINÁRIOS
Colette Soler

Um outro Narciso

Copyright © 2017 Éditions du Champ lacanien
Un autre Narcisse

Texto original corrigido por Martine Menès e Nicolas Bendrihen.
Discussões do fim dos seminários transcritas por Martine Menès
Composição realizada por Marc Autret.

Publicado com a devida autorização e com os todos os direitos, para a publicação em português, reservados à Aller Editora.

É expressamente proibida qualquer utilização ou reprodução do conteúdo desta obra, total ou parcial, seja por meios impressos, eletrônicos ou audiovisuais, sem o consentimento expresso e documentado da Aller Editora.

Editora	Fernanda Zacharewicz
Conselho editorial	Andréa Brunetto — Escola de Psicanálise dos Fóruns do Campo Lacaniano
	Beatriz Santos — Université Paris Diderot — Paris 7
	Lia Carneiro Silveira — Universidade Estadual do Ceará
	Luis Izcovich — Escola de Psicanálise dos Fóruns do Campo Lacaniano
Tradução	Cícero Alberto de Andrade Oliveira
	Inesita Machado
Revisão	Fernanda Zacharewicz
	André Luiz Rodrigues
Capa	Rubens Lima
Diagramação	Sonia Peticov

1ª edição: Abril de 2021

Dados Internacionais de Catalogação na Publicação (CIP)
Ficha catalográfica elaborada por Angélica Ilacqua CRB-8/7057

S672o
    Soler, Colette, 1937–
        Um outro Narciso: Seminário 2016-2017/ Colette Soler; tradução de Cícero Alberto de Andrade Oliveira e Inesita Machado. — São Paulo: Aller, 2021.
    256 p.

    Título original: *Un autre Narcisse*
    ISBN: 978-85-94347-31-2
    ISBN e-book: 978-65-87399-17-1

    1. Psicanálise 2. Narcisismo I. Título

21-1242   CDD 150.95
                                                                               CDU 159.964.2

Índice para catálogo sistemático
1. Psicanálise — Narcisismo

Publicado com a devida autorização e com
todos os direitos reservados por

ALLER EDITORA
Rua Wanderley, 700
São Paulo—SP, CEP: 05011-001
Tel: (11) 93015.0106
contato@allereditora.com.br
Facebook: Aller Editora

Sumário

Prefácio de *Um outro Narciso* — 5

UM 9 de novembro de 2016 — **11**
O verdadeiro título — 13
Perspectiva — 15
O que o estádio do espelho ensina? — 21

DOIS 30 de novembro de 2016 — **34**
Reler os mitos — 35
Reler o Édipo — 38
Reler o mito de Narciso — 44

TRÊS 7 de dezembro de 2016 — **51**
A indústria do narcisismo — 51
Narciso e outrem — 53
O "narcisismo do desejo" — 56
O narcisismo do escabelo — 65

QUATRO 11 de janeiro de 2017 — **72**
Os antecedentes do escabelo — 72
Um narcisismo genérico — 77
Os equívocos e o que eles mostram — 78
O conceito do escabelo — 82

CINCO 25 de janeiro de 2017 — **91**
O próprio dos falantes — 91
O escabelo é primeiro — 93
A demonstração pelo dizer — 96
Os rebotalhos voluntários — 100

SEIS   22 de fevereiro de 2017   113
UOM-escabelos e seus outros   114
Se fazer ...   115
O dízimo   119
Nova estrutura de troca?   123

SETE   01 de março de 2017   134
Pulsão e alucinação   134
UOM-escabelo nunca sozinho   138
Os escabelos e os discursos   142

OITO   15 de março de 2017   154
O ter do corpo   154
Falar com seu corpo ou não   158
O inconsciente "cabeça de bagre"   164

NOVE   31 de março de 2017   175
O sintoma-escabelo   175
A "vez da reserva"   177
Exemplos clínicos   181
Os escabelos da literatura   185

DEZ   19 de abril de 2017   195
Uma escrita, anal   195
Veredicto literário   198
Novo tratado de paixões?   203
Paixões do... ser   206

ONZE   17 de maio de 2017   214
Paixão primária?   214
A paixão pelo escabelo   218
Pensando laicamente   222

DOZE   7 de junho de 2017   233
Clínica diferencial   235
Trajetória   238
Recorrer ao escabelo   245

Prefácio de *Um outro Narciso*

O que acontece quando encontramos *um outro Narciso* como nós? Essa foi, para mim, uma importante questão suscitada pelo título do seminário proferido por Colette Soler de 2016 a 2017, no Colégio Clínico de Paris, e agora publicado em português pela Aller Editora. Publicação pertinente pela atualidade das questões apontadas, tão presentes neste início de século por meio da cultura da imagem, das *selfies*, da *body art* e das intervenções cirúrgicas. A revisão do conceito de narcisismo feita pela autora culmina na seguinte questão, apresentada na aula de 25 de janeiro de 2017: "Como foi possível desconhecer a tal ponto na psicanálise o fato de que o narcisismo do escabelo era próprio do homem e imaginar que uma psicanálise reduziria o narcisismo?"

Para dar conta desse intento, Colette Soler brilhantemente revisita o conceito de narcisismo, vai às suas fontes e conclui dizendo que é preciso colocar o narcisismo no plural, posto que ele não se reduz ao amor à própria imagem. Ela se debruça exaustiva e apaixonadamente sobre o conceito lacaniano de *escabelo*, afirmando que ele é um *narcisismo expandido, genérico,* incluindo aí o desejo e as pulsões, manifestando-se como autoafirmação e tendo como consequência *inveja* e *ciúmes*, afetos primordiais, efeitos de linguagem, que tocam o corpo e que são decorrentes destes *UOM-escabelos e seus outros* (aula de 22 de fevereiro de 2017) nos laços sociais, já que "não acreditamos em uma natureza do humano que não seja social" (aula de 9 de novembro de 2016).

Inveja e ciúmes são afetos primários, são sempre reconhecidos em nossa cultura como ligados ao narcisismo e "remetem àquilo que eu não tenho, que tomam de mim, de que sou excluído" (aula de 9 de novembro de 2016), mas não só isso. Para entendermos essa tese, que é a de Freud e a de Lacan, é necessário acompanhar a autora no desenvolvimento dos seus argumentos, na revisão do conceito, abordado, como lhe é peculiar, de forma sagaz. As referências históricas, teóricas e clínicas podem ser acompanhadas já pelos subtítulos das aulas, podendo este seminário também ser intitulado "Narcisismo e laço social", como Soler sugere.

Esses dois afetos primários só são produzidos nos laços, derivando da necessidade de cada um, o UOM, se humanizar, estar entre outros. Essa "umanização", como ela articula, é a necessidade de criar um apoio, um escabelo, ou seja, aquilo que cada falasser coloca em evidência para seduzir o outro, um significante, um nome que identifica um ser para todos os outros, não se contentando com os dados da imagem, mas se fazendo produtor do seu próprio valor. Uma lógica de sedução e poder, operação nada pacificadora que pode gerar efeitos reprováveis, muitas vezes punidos pela sociedade e pela religião, inclusive por muitos psicanalistas — quando não alcançam a complexidade do conceito.

A tese defendida é de que não se pode conceber sujeitos sem escabelos, com os seus diversos meios para realizá-los: a arte, o dizer magistral, o esporte, o corpo, sendo este o primeiro, etc. Escabelos para todos os falantes e em todas as estruturas são trabalhados detalhadamente pela autora. Escabelos, ou "narcisismo do nome", como vimos, são um tipo de "narcisismo genérico", ou "narcisismo expandido", que visa a posteridade, tal como Joyce, Rousseau e tantos outros almejaram, ainda que não tenham obtido o resultado esperado. Um narcisismo que é a subversão do "narcisismo de base", do amor-próprio, defendido por Freud, do amor à sua primeira imagem, desenvolvido por Lacan desde "O estádio do espelho", que leva à idealização e culmina no "ele se acha". Mas esse não é o primeiro, defende a autora.

O narcisismo primeiro e *prioritário* é o narcisismo genérico, o "fazer-se um nome", o "fazer-se um escabelo para si", o "subir de patamar", que não se sustenta sem pagar um dízimo a todos os outros — os da sociedade ou do grupo em que se vive — e sem receber, também, um dízimo de reconhecimento social, posto que se trata de um sistema de trocas. O problema é que as pessoas, quando estão entre outras, interrogam-se "qual o meu lugar?", "o que sou para o outro?", podendo surgir destes questionamentos, além da inveja e dos ciúmes, um narcisismo competitivo, signo de rivalidade, de vontade de prevalecer.

Todos os falantes têm um escabelo, conclui Soler, mas Lacan marcou a exceção: o analista em ato, a quem é prometida a castração do escabelo. Só assim ele poderá ocupar a função de causa para um analisando e de rebotalho no fim. O problema é quando ele "utiliza o nome da psicanálise na vida social para se fazer um escabelo" (aula de 25 de janeiro de 2017) ou quando, equivocadamente, faz o mesmo no dispositivo do passe, a partir do momento em que se pode receber ali uma nomeação, mesmo tendo atravessado o horror de saber, que saberia ser ele, o analista, um rebotalho.

> Pode-se dizer que o analista é rebotalho no fim, pois ele se torna algo sem uso quando cessa a sua função de causa para um analisando, o qual se torna um ex-analisando. Nesse sentido, como formulei, no fim das contas o seu ato é "sem retribuição" para ele, ele não o assegura de nenhum escabelo [...] logo, não há por que ficar emocionado. A menos que... o analista tenha sido tão mal colocado em seu ato, tão identificado com o sujeito suposto saber, que perder a sua função não seja para ele uma perda de escabelo. A menos, também, que não lhe tenha ocorrido, ao longo do tempo, algum arrependimento por ter optado pela função de analista e o pensamento de que ele poderia ter feito algo melhor... algo que recompensasse mais ou que fosse mais glorioso. Já vi isso. (aula de 25 de janeiro de 2017)

Como o UOM pode escolher uma profissão que não contribui para o seu escabelo? Soler arrisca uma resposta: inocentes, ainda estavam animados pela idealização transferencial do sujeito suposto saber, cujo analisando pensa que é o escabelo do analista. O ofício do psicanalista não é tão sedutor. Mas é fato que um analista que trabalha com o saber analítico, com a teoria analítica, pode fazer disso um escabelo — quando não está em função. Muitos fizeram um escabelo para si — Freud fez a psicanálise e Lacan fez o RSI, para citar alguns —; não fosse isso, não haveria a história da psicanálise.

Muitos outros são os pontos de reflexão levantados por Soler na trajetória da sua pesquisa: como o corpo intervém na "umanização" forçada do UOM? Qual o poder das palavras de verdade sobre as fixões de gozo? Quais as consequências das associações de psicanalistas como lugares de fabricação de escabelos? Qual a função do psicanalista nas polêmicas contemporâneas relativas às questões sociais? Estes são alguns dos problemas que a autora coloca em questão e cuja resposta será surpreendente para aqueles que tomarem este livro como fonte de pesquisa.

Para encerrar, compartilho com os leitores uma derradeira questão, também de Lacan, posta em campo por Soler na aula de 15 de março de 2017 e que tomei para mim: o que é que vai suceder ao psicanalista, tendo ele sido precedido pelo santo no passado? Parafraseando: qual outro ofício pode surgir de alguém que, sabendo-se rebotalho da humanidade, numa humildade em ato, teria a capacidade de uma renúncia à ambição competitiva?

Desdobro, por fim, esta questão em duas outras, tão prioritárias ao escabelo e ao laço social: existirá algum outro ofício, além da psicanálise, à altura de sustentar o mal-estar sempre presente na civilização e nas diversas culturas? Qual seria a responsabilidade da psicanálise e das instituições psicanalíticas com o "fim do fim" das análises dos analistas? Para titilar as possíveis respostas ou para que cada leitor possa extrair as consequências clínicas e políticas decorrentes do que foi aqui exposto, certamente vale a leitura de *Um outro Narciso*.

Silvana Souza Pessoa[1]

---

[1]Psicanalista, mestre em Educação pela Universidade de São Paulo (USP), AME da Escola de Psicanálise dos Fóruns do Campo Lacaniano — Brasil (EPFCL-Brasil) e membro do Fórum do Campo Lacaniano — SP (FCL-SP).

UM

9 de novembro de 2016

Meu título anuncia que vou dedicar este ano à questão do narcisismo com a intenção de completar um pouco seu conceito. Este tema, a meu ver, vem de duas fontes. Em primeiro lugar, a sensação que tenho, há muito tempo, de que aquilo que se conservou do ensino de Lacan, que provém essencialmente de antes de 1965, não permite pensar nem enfrentar as evoluções da época, e isso em todos os níveis, o dos costumes, das estruturas sociais, dos instrumentos tecnocientíficos. Em outras palavras, os instrumentos teóricos da prática dos analistas hoje não estão em sintonia com este início de século. Mas eles também não estão em sintonia com Lacan, pois como ignorar que ele próprio operou consideráveis mudanças de perspectivas? Essa mudança é grande no que diz respeito ao narcisismo. Ele, primeiro, colocou-o na conta do imaginário, isso é notório. Ele pensou o imaginário subordinado à cadeia do simbólico, de um simbólico que, por isso, supostamente pode agir sobre ele. Mas a partir de 1973, no decorrer das aulas, ele repete incessantemente que as três consistências — imaginário, simbólico e real — são equivalentes e não subordinadas uma à outra, como ele havia afirmado anteriormente. Pois bem, concluo daí não somente que é preciso apreender as razões dessa mudança, que não é arbitrária, mas, sobretudo, que é preciso repensar, em todo caso, atualizar, tudo o que ele desenvolveu com base nesta primeira tese de um simbólico que ordena e, portanto, subordina tudo aquilo que se apresenta no imaginário, na primeira fila em que se localizam o narcisismo e a consistência imaginária do Eu [*Moi*], em contraste com a divisão própria do sujeito do significante. Quando se olha para os esquemas L e R, e o grafo do desejo, e que se lê o texto sobre Schreber, isso é claro: todos eles desdobram, visualizam e topologizam o postulado daquilo que eu havia chamado anteriormente, seguindo essas elaborações, de "a imagem serva" de um simbolismo soberano. De fato, depois de "Função e campo da fala e da linguagem", Lacan subordinou o imaginário do espelho ao simbólico da linguagem, assim como o significado está subordinado ao significante. Consequentemente, ressaltou que a presença do Outro, grande Outro, condiciona até mesmo o fato de a criança se reconhecer e se amar em sua imagem. Quando, com o nó borromeano, ele reconsidera e recusa essa subordinação, quando ele insiste em que as três consistências são autônomas e equivalentes, como não se perguntar o que isso muda no plano clínico e analítico?

O desafio é considerável. Antes de qualquer exame, pode-se levantar a questão: se o imaginário não está subordinado, como é possível continuar a pensar que o narcisismo do eu seja redutível pelo simbólico e que uma análise, ao construir o sujeito dividido do significante, reduza as pretensões narcísicas? O desafio analítico é de monta, assim como a concepção que temos de homem, que Lacan escreverá UOM, a partir de sua hipótese de que a estrutura é o efeito da linguagem sobre o ser vivo.

O que isso muda, primeiramente, na concepção daquilo que está no cerne do imaginário e no qual ele partiu, a saber, a função do espelho, e em seguida, no campo das significações, que pertencem ao registro do imaginário ordenado pelo simbólico, como o significado é subordinado ao significante?

O verdadeiro título

Este ano em nossa comunidade estamos interessados especialmente na inveja e no ciúme, que sempre foram reconhecidos em nossa cultura como dois afetos primários ligados ao narcisismo, entre outros, aliás; mas esses dois afetos nos introduzem, do ponto de vista analítico, a um tema completamente diferente. Com efeito, a tese *princeps* da psicanálise é que os afetos [*affects*] são efeitos [*effets*], efetos [*effects*], diz Lacan, neologicamente. A tese vem de Freud. Efeitos de quê, senão daquilo que organiza a experiência humana em geral, já que não acreditamos em uma natureza do humano que não seja social. Temos um indício de que a experiência não existe se não for ordenada, é porque há afetos-*efetos* [*affects-effects*] trans-históricos. Inveja e ciúme fazem parte disso. Essa é a tese constante de Lacan: o que a psicanálise atesta, na medida em que ela funciona, é que a experiência dos falantes é estruturada, ou seja, nunca completamente aleatória, embora a história de cada um seja feita também de muitos acasos singulares. A questão, portanto, recai sobre a estrutura que condiciona esses afetos comuns e sem a qual não se pode esperar operar sobre eles.

O que é certo acerca desses dois afetos é que eles só podem ser produzidos em um laço. Eles questionam, portanto, para nós, a relação com o outro, com outrem [*autrui*]¹, o que a funda, sua natureza, seus limites. Escolhi, no fim das contas, o termo outrem, em vez de semelhante [*semblable*], pois ele tem a vantagem não apenas de ser de uso comum, mas de não trazer consigo a diferença entre os sexos, e tampouco a diferença entre aquilo que Lacan nos ensinou a reconhecer como o pequeno outro e o grande Outro. Outrem é apenas a outra *espécimen* da humanidade, mais perto da noção cristã de próximo [*prochain*], que também não é o semelhante, e da qual Lacan tanto falou em *A ética da psicanálise*. Sabe-se há muito tempo que essa relação não é evidente, e o nome mais comum para dizer o que ali funciona é: narcisismo, amor-próprio e os vários afetos que derivam disso, dentre os quais inveja e ciúme, dois afetos da reivindicação narcísica e que remetem àquilo que eu não tenho, que tomam de mim, de que sou excluído etc.; e, portanto, nosso verdadeiro título poderia bem ser: narcisismo e laço social.

Sabemos que Freud, ao lidar com as neuróticas, não colocou, de saída, a questão daquilo que está no princípio dos laços sociais, ele os considerou como dados, interessando-se inicialmente por suas distorções neuróticas, e é apenas em um segundo momento que ele introduz a questão do narcisismo e de sua função paradoxal nos laços libidinais. Essa função é paradoxal pois, assim como o amor-próprio, o narcisismo faz limite ao amor pelo outro, portanto à "escolha de objeto", mas, por outro lado, ele é o primeiro princípio dessa escolha no que Freud chama de escolha de objeto narcísico, fase obrigatória para todo

---

¹Nota do tradutor: O correlato direto de *autrui* em português seria "outrem", mas preferiu-se traduzir tal vocábulo ora como "outrem", ora como "os outros", tendo em vista a fluidez na leitura do texto.

sujeito segundo ele, e em que, no fundo, o amor pelo outro é como uma expansão do amor-próprio. Para Lacan, a entrada na questão do narcisismo é outra, assim como é a entrada na psicanálise, da qual ele não é o inventor e à qual ele chegou a partir da psicose, como muitas vezes ele explicou. Seu texto, primeiro texto fundamental sobre o estádio do espelho, de 1936, se perdeu, mas ele dava sequência direta a seus trabalhos sobre a psicose, notadamente à sua tese sobre o caso Aimée. É impressionante constatar, aliás, que o que Freud evoca em primeiro lugar em "Introdução ao narcisismo" é a psicose com seu posicionamento diferencial da libido. É, portanto, justamente isso que se chamava de "a relação de objeto" que está em questão em nosso tema.

Perspectiva

Este ano vamos, então, falar muito do famoso estádio do espelho, agora já bem conhecido. Gostaria de dizer em que perspectiva eu o abordo. Sempre me interesso mais por aquilo que foi o ponto de partida de Lacan, por suas questões em cada etapa, pelas soluções encontradas e por sua insuficiência ou parcialidade como motor de sua progressão, pois constato que é possível extrair algum aprendizado disso. Vejo aí, a meu ver, uma arma antidogma e antipsitacismo, e precisamos cada vez mais disso. "Faça como eu, não me imite"[2], dizia Lacan ironicamente. Ele não imitou, de fato, não repetiu, mas o que foi seu próprio

---

[2] LACAN, J. (1974) A terceira. Tradução de Analucia Teixeira Ribeiro para circulação interna na Escola Letra Freudiana. Disponível em *https://drive.google.com/file/d/1GtS2m-SHuKNJfVgsMnSuev-MzL-5BBeqH/view*. Acessado em 14 de outubro de 2020, às 10h35.

caminho merece ser tomado como exemplo, como um ensinamento. Lembro-me de ter outrora recebido fortes objeções da parte de um proeminente lacaniano na época em que tinha, já não me lembro mais quando, evocado a função do exemplo. É que, vejam só, ele considerava que um analista, justamente aquele que naquele momento se dizia ter ultrapassado seu narcisismo, este analista, portanto, não podia mais ter uma recaída, até considerar que alguém pudesse ser exemplo do que quer que fosse. Sem dúvida, ele não havia compreendido aquilo que Lacan chamou de "transferência de trabalho", e que em nossos termos pensamos como uma indução do desejo ao desejo, um contágio de certa forma; pois bem, fora da psicanálise, isso tem outro nome, essa é uma das funções daquilo que chamamos de exemplo.

Tentei, então, precisar por que — a partir de qual questão não explicitada, e depois de tempo dedicado à psicose — Lacan entra na psicanálise com o estádio do espelho, em 1936. Nessa época, ele é, desde 1933, analista didata da IPA e tem, portanto, uma análise homologada pela instituição. E esse é um momento da história em que a questão da análise da psicose em si ainda não está realmente colocada, e a análise das crianças também ainda não é central, o grande conflito entre Anna Freud e Melanie Klein ainda não é relevante, e a técnica do jogo está, em grande parte, por vir. É neste contexto, no qual não entrarei mais em detalhes, que Lacan parte de um fenômeno referente à criança pequena que ainda não fala, isso é capital, um fenômeno atestado pela observação, e não necessariamente pela fala analítica, e que, logo, por definição, nada tem a ver com o inconsciente, que põe em jogo aquilo que é mais estranho, a saber, o escópico. Isso é fantástico. O que geralmente se lembra com relação a esse estádio é a função primária da imagem, alienante, e até mesmo mortal. O que não é inexato, mas muito parcial. Há muito mais que isso.

Como entender que seu primeiro texto como analista, um grande texto em seus "antecedentes", nunca colocado em questão e retomado depois da guerra, em 1949, esteja, ao menos aparentemente, tão longe da experiência analítica, já que não se trata ainda do que chamamos de sujeito, mas da criança que não fala, que certamente já está no banho da *alíngua* [*lalangue*], mas que ainda não a usa, apesar do fato de que Lacan não estava ligado neste momento com a psicanálise de crianças? Ora, ressalto que neste texto dedicado ao narcisismo faltam duas referências principais que poderíamos esperar, a Freud e ao mito de Narciso. Por outro lado, há referências aos psicólogos da época com relação ao transitivismo. O que isso indica? Isso nos coloca, penso eu, no rastro da questão implícita de Lacan que subjaz ao texto. Como disse, não há leitura de texto teórico, seja ele filosófico ou psicanalítico, que não tenha que extrair a questão que o texto, ou seus fragmentos, aborda e que, muitas vezes, não é formulada. "Introdução ao narcisismo", de Freud, assim como o mito de Narciso, aliás, dizem respeito explícita e prioritariamente à questão da colocação da libido erótica, aquilo que se chamava de relação de objeto. Ora, a principal questão subjacente ao estádio do espelho não se reduz a ela, é mais ampla. Essa fase, decerto, diz respeito a uma primeira estase da libido objetal, a imagem se tornando o primeiro objeto, mas esse amor pela imagem é determinado por outra coisa; o que funda este amor é a sua função identitária. A imagem especular é constituinte de um primeiro estrato da identidade, que tem a propriedade de ser uma identidade pela identificação e, portanto, uma identidade alienada — não é o caso de todas. Lacan teria insistido suficientemente nesse traço da alienação à imagem e da correspondente aspiração a se libertar dela, com a esperança de que isso seja possível? Essa esperança, que prevaleceu na psicanálise lacaniana desde o início, provinha das próprias construções de Lacan, ensinando que o sujeito da perda, digamos, da castração, era o segredo desta identidade falaciosa, mas mais do que o segredo, o princípio possível da redução de seu prestígio graças a uma psicanálise.

Da ênfase dada a essa função identificadora da imagem, pode-se concluir sobre a questão fundamental, implícita, à qual responde o estádio do espelho: é de saber como a criança do ser humano, que é um pequeno organismo, um pequeno animal, torna-se humano, um Eu [*Je*], socializável e socializado. Essa é uma questão diferente da de Freud, que pressupõe a humanidade da criança como um dado. Era também a questão dos psicólogos da época, especialmente Wallon, que havia pedido a Lacan um artigo sobre a família para a Enciclopédia; todos, no fundo, estavam preocupados com o advento do ser humano socializado propriamente dito. Este tema já havia inflamado os debates sobre a criança selvagem. Lacan está nesse eixo. Para ele, sem dúvida também, seu interesse pela psicose devia contribuir para tornar premente essa questão do ajuste à realidade social.

Se nos reportarmos ao segundo texto do pré-guerra, "Os complexos familiares na formação do indivíduo", publicado em 1938 no volume VIII da Enciclopédia francesa dedicada à "Vida mental", ele confirma claramente esta leitura. O texto, é verdade, foi encomendado, mas é preciso notar, novamente, o aspecto, digamos, pouco freudiano do título. Lacan mantém *complexo*, mas suprime aquilo que é mais conhecido de Freud em termos de complexo: castração e Édipo. O tempo todo ele toma emprestadas referências à sociologia, Durkheim é amplamente invocado ali e, mais amplamente, as chamadas ciências do homem. Toda a primeira parte do texto argumenta com a hipótese de um desenvolvimento natural do homem, para insistir, ao contrário, no fato de que tudo prova que a "formação" do indivíduo é condicionada por um contexto, digamos, de cultura e que isso começa com a família. Ele não diz desenvolvimento, aliás, mas formação. A nuance é sensível. A ênfase recai no fato de que a família é totalmente dissociada do casal biológico, é uma instituição cultural, e que o próprio termo "complexo", condicionado por "fatores culturais às custas dos fatores naturais"[3], é substituído por "instinto", com o qual ele não deve ser confundido, pois a tipicidade das reações que ele inscreve faz apenas semblante de instinto e não tem nada a ver com a fixidez das adaptações animais. Trata-se claramente da fábrica do humano pelo que ele já chama de "causalidade mental", a qual supõe uma mediação social — questão bastante alheia a Freud.

Além disso, em 1946, quando Lacan retorna à questão do que é o inconsciente freudiano em "A causalidade psíquica", é para dizer, forço um pouco a expressão, que ele se estrutura como um complexo de imagens, isto é, de

---

[3]LACAN, J. (1938) Os complexos familiares na formação do indivíduo. In: *Outros escritos*. Tradução de Vera Ribeiro. Rio de Janeiro: Jorge Zahar Editor, 2003, p. 33.

imagens fixas, imagens de si e dos outros, originalmente fixadas durante os primeiros anos no contexto das primeiras relações. Um inconsciente que é, portanto, um conjunto de imagens fixas, que, por sua fixidez, já estão próximas do significante. Isso já constituía um inconsciente concebido como marca de origem. Quando, no final, Lacan fala do inconsciente como marca da *alíngua*, ele estará na mesma intuição de seu enraizamento na primeira infância. A ênfase, no entanto, nesses primeiros textos, é diferente, diz respeito ao fato de que essas marcas inscrevem as relações originais com aqueles que a cercaram, a criança; essas imagos são imagos familiares, o que faz o próprio inconsciente depender da organização cultural das relações sociais. Isso não criava um inconsciente familiar, mas um inconsciente, de certa forma, estigma das particularidades relacionais dos primeiros anos. Obviamente, hoje esse debate natureza/cultura, a questão de saber se é a natureza que programa o devir homem da criança ou a organização dos laços sociais culturalmente determinados, já não se apresenta mais da mesma forma. As ciências sociais da primeira metade do século XX o ressuscitaram e, com seus primeiros textos, Lacan colocou a psicanálise do mesmo lado. Para nós, hoje, aparentemente a hipótese da cultura prevaleceu e culmina mesmo no nível daquilo que poderia parecer depender mais da natureza, a saber, o sexo, embora partidários da natureza também não faltem, o *Manifeste pour tous*[4] que o diga. O debate principal,

---

[4]Nota do tradutor: O *Manifeste pour tous* foi um documento elaborado pela LMPT (*La manif pour tous*), o principal coletivo de associações por trás da mais importante oposição à lei que abria o casamento a casais do mesmo sexo (conhecido como "casamento para todos") na França.

contudo, é deslocado, é aquele que opõe, de um lado, as hipóteses organicistas — que tiveram um retorno fulgurante com o progresso da ciência, os quais levam de volta à velha ideia do século XVII, do homem máquina, mas hoje máquina orgânica, a neurobiologia obriga — e, do outro lado, a hipótese do homem sujeito, feito sujeito pela linguagem, como Lacan se expressa no final de *Mais, ainda*.

O que o estádio do espelho ensina?

Noto que se trata de um fato de natureza, em todo caso, de espécie, que foi estabelecido fora da psicanálise, por meio da observação dos psicólogos. Entendemos que Lacan para por aí, porque ele poderia objetar ao postulado do homem social, na medida em que este é um fato que aparentemente não parece depender das relações originárias da criança. A constatação é a do interesse específico e sustentado que a criança dá à sua imagem, em contraste com aquilo que os etologistas estabeleceram para os macacos, cujo interesse desaparece assim que eles verificaram que atrás do espelho não há congênere. Um fenômeno peculiar, portanto, à nossa espécie. No entanto, os mesmos etologistas da época haviam estabelecido que também existe uma função da imagem no mundo animal, e, portanto, a questão da função da imagem para a criança humana surge em paralelo. A função da imagem própria da espécie no mundo animal não é de modo algum um mito, tem uma função orgânica, vital, muito real. Qual é? Ele intervém na transmissão do chamado saber instintivo entre as gerações animais. Antes de tudo, transmissão do saber necessário à sobrevivência, por exemplo, o pintinho só bica se vir a galinha bicar, em seguida, transmissão necessária para a reprodução da espécie, que não foge dos rituais da parada visual. Para o peixinho, a imagem de um congênere é necessária, mas sua imagem em um espelho também faz esse papel. Para a criança, ao contrário do animal, a imagem não serve nem para a sobrevivência, que é assegurada pelo Outro, nem para o sexo, que evidentemente não é colocado neste momento. Sua forma leva ao primeiro autorreconhecimento, poderia dizer à primeira apercepção de uma unidade, a da forma que confere uma primeira identidade, digamos, personalizada dentro da espécie. A criança se identifica com ela e vai adotar muito cedo os jogos de aparecimento/desaparecimento, nos quais testa sua diferença para com o ser real. O interesse jubilatório que a criança lhe confere parece indicar que ela é o primeiro núcleo do amor-próprio, da libido e da identidade, que se funde, nesta ocasião, com a imagem do próprio corpo. Sua função não é instintiva, portanto, mas identitária.

Sabemos como Lacan explica neste momento essa diferença peculiar à espécie humana. Ele explica isso por outro fato de espécie: a prematuração do nascimento e a impotência motora à qual a forma erigida da imagem, que ele dirá "ortopédica de sua totalidade"[5], condena a criança, antecipando o controle. Em outras palavras, ela é ainda mais preciosa porque faz com que prevaleça a miragem escópica sobre o real do ser, alienando-a assim à sua fixidez mortífera. Essas explanações são tão bem conhecidas que as deixo de lado. Quero enfatizar que esse amor pela imagem é algo prévio à primeira relação com o

---

[5]LACAN, J. (1949) O estádio do espelho. In: *Escritos*. Tradução de Vera Ribeiro. Rio de Janeiro: Jorge Zahar Editor, 1998, p. 100.

semelhante, que se manifesta nos fatos de transitivismo quase correlativos à fase do espelho e também observados pelos psicólogos. Entre o corpo próprio e o corpo da criança, eles indicam uma confusão, induzem a uma confusão dos seres, a uma não distinção do um e do outro que se manifesta por meio de uma indução especular dos comportamentos. Este fato evidentemente denuncia a fraqueza da identidade puramente especular e que o um da imagem é sempre ameaçado pela intrusão desse duplo cuja imagem do semelhante está na origem. É nesse nível que os complexos familiares abrigavam a emergência do ciúme primordial com um complexo de intrusão. Entretanto, noto que esse deslizar entre duas imagens que são pares, a imagem de si com a imagem do outro, esse deslizar tem, segundo Lacan, uma função sobre a qual se passa voluntariamente demais, é justamente uma função de socialização. É impossível saber se ela já havia sido mencionada no texto de 1936, mas no de 1949 é explícito, isso é o primeiro embrião de uma socialização.

Cito, abreviando os *Escritos*: "o estádio do espelho inaugura, pela identificação com a *imago* do semelhante [...], a dialética que desde então liga o [*eu*] a situações socialmente elaboradas"[6]. Eis que retorna, a partir daquilo que era um fato de espécie e, portanto, da natureza, o tema do homem social, ou melhor, da fabricação do homem pelo social e pelas relações entre os seres. Lacan até evoca a seguir "uma mediatização pelo desejo do outro"[7], sem uma maiúscula, uma mediação que é

---

[6]*Ibid.*, p. 101.
[7]*Ibid.*

constitutiva dos objetos do desejo. Isso já era emprestar ao narcisismo uma função que vai muito além da contemplação mortificante da imagem, que aí inclui como terceiros os objetos propostos ao próprio desejo, que, em uma palavra, paradoxalmente, coloca o narcisismo, mais precisamente a identificação narcísica, no princípio da entrada na dialética social por meio do interesse conferido aos objetos do outro. A partir do momento em que se escreve, tal como Lacan fará, i(a), i'(a), os objetos de apetência já se apresentam como terceiros, e com eles as chamadas diz-mensões rivalitárias e concorrenciais, é claro. Os principais afetos são a inveja e o ciúme primordial. Pode-se certamente querer distinguir esses dois afetos, entrar nas sutilezas — por que não? —, toda uma literatura se dedica a isso, aliás; mas na verdade, quando Lacan usa o termo *"jalouissance"* [*goziúme*] — neologismo entre ciúme [*jalousie*] e gozo [*jouissance*] — para caracterizar a criança que olha para o seio com um olhar exacerbado, evocado por Santo Agostinho, ele dá a chave, e, assim que se tem a chave, a descrição das nuances fenomenológicas perde o interesse, ao menos seu interesse analítico, pois, na psicanálise, só é possível operar a partir de causas, não de efeitos. Em todo caso, na inveja e/ou ciúmes, está em jogo um gozo do qual sou privado, que não tenho e ao qual o outro tem acesso.

É claro que surge a questão de sabermos o que esses fenômenos, de fato, devem ao ser falante. A precocidade da *jalouissance* da criança pequena que não pode falar, do pequeno transitivista, parece indicar desde o início uma autonomia desse registro imaginário. Na verdade, insisti nisso, trata-se de uma fase anterior ao sujeito. A expressão anterior ao sujeito pode surpreender, pois estamos acostumados a dizer com Lacan que, mesmo antes de nascer, a criança é sujeito para o Outro. Sim, ela "faz sujeito no dizer de seus pais"[8], e isso é uma pena *a priori*, diz Lacan em "O aturdito". *A priori*, claro, uma vez que os efeitos nocivos desse dizer são programados mesmo antes de a criança vir a existir, e independentemente de quais serão suas características particulares, especialmente quanto ao sexo, segundo o qual será menino ou menina. "Que nasça hermafrodita para ver!", exclama Lacan. Entretanto, é preciso fazer a diferença entre ser sujeito no dizer do Outro e ser sujeito "no real". Cito: "É preciso que à necessidade [...] venha somar-se a demanda, para que o sujeito [...] faça sua entrada no real, enquanto a necessidade transforma-se em pulsão"[9].

Na fase de que falamos, o sujeito ainda não fez sua "entrada no real", ele entra no real apenas com a demanda, articulada como a primeira forma de um dinamismo libidinal induzido não pela imagem especular, como no transitivismo, mas pela linguagem geradora ao mesmo tempo do sujeito e das pulsões. O transitivismo, por sua vez, é mais uma confusão das imagens do que uma ordem entre as imagens, e é a linguagem que, naturalmente, infundirá retroativamente na imagem o status de um diferencial próprio ao significante. Esse transitivismo, portanto, parece indicar, desde o início, uma autonomia

---

[8]LACAN, J. (1972) O aturdito. In: *Outros escritos*. Tradução de Vera Ribeiro. Rio de Janeiro: Jorge Zahar Editor, 2003, p. 460.
[9]LACAN, J. (1960) Observação sobre o relatório de Daniel Lagache. In: *Escritos*. Tradução de Vera Ribeiro. Rio de Janeiro: Jorge Zahar Editor, 1998, p. 661.

do registro imaginário. Aquela que Lacan reafirmará no final com seu nó borromeano. Embora... Mesmo que não fale ainda, ele já experimentou a privação imposta pelo Outro que fala com ele, ele já recebeu "nãos" vindos do Outro, por meio do gesto ou pela voz. No fundo, a *alíngua* do Outro constitui o banho verbal da criança mesmo antes de ela falar, é um tema para o qual damos muita ênfase. Mas qual é o primeiro elemento da linguagem do Outro que adquire importância para a criança? É o "não" significado pela voz e pelo gesto do Outro. Isso funciona inclusive para animais de estimação. "Não" é a primeira palavra da linguagem, a primeira também que a criança sabe usar por meio do gesto, mesmo antes da articulação verbal. Lembrava-me de uma história que me foi contada sobre uma criança que decerto já falava, mas que é instrutiva nesse ponto. Um casal de amigos compra para cada um dos seus filhos o mesmo brinquedo para não causar ciúme [*ne pas faire de jaloux*], como se costuma dizer. O que os pais não fazem "para não causar ciúme"! Infelizmente, isso é depois de ter introduzido as próprias condições do ciúme. Então, na ocasião da reunião entre as duas famílias, um dos pequeninos que tinha acabado de entrar no recinto largou seu brinquedo e correu para pegar brutalmente o brinquedo do outro. "Mas, veja só", diz o pai entregando-lhe o brinquedo, "você tem um igual!". A resposta: é o dele. Obviamente, essa criança não está mais em uma fase transitivista, vemos aí que a diferença de linguagem entre "o meu" e "o dele" veio complicar, sobredeterminar a suposta mesmidade do objeto possuído. No entanto, pode-se elaborar a hipótese de que não é pelo sentido das palavras de possessão — o meu, o dele — que isso se estabelece, mas por meio das primeiras intervenções do Outro, que dividem em ato os objetos de posse, que geram, até mesmo sem palavras, o "para mim", "para você", "para ele", e, portanto, introduzem a privação muito antes da entrada do sujeito no real. As condições da *jalouissance*, tal como a defini, estão aí. A autonomia da dimensão imaginária do ciúme mais primordial encontra-se, se não completamente questionada, ao menos amplamente questionada. E é bastante evidente, na grande narrativa de origem do ciúme fraterno, que entre Caim e seu irmão há o Outro e o desafio de seu desejo. Há belas explicações de Lacan sobre esse ponto. No grafo do desejo, ademais, Lacan coloca o $), efeito da linguagem, antes da linha i(a), i'(a).

Para concluir, vemos o que esse estádio da infância ensina. Primeiro, que a identificação é o mecanismo primeiro que constitui o pequeno ser humano, e que a socialização começa com e passa pela identificação especular. Esse ponto me parece importante para temperar a oposição radical demais que é frequentemente estabelecida entre o narcisismo e o laço social. Depois, que a imagem é o primeiro veículo desta identificação indica para o humano uma prevalência do visível, cuja questão é saber até que ponto ela é igual à prevalência do sonoro da linguagem. Na diacronia das chamadas fases do desenvolvimento, nós estamos acostumados a ordenar os registros pulsionais, que aparecem ao mesmo tempo que o sujeito no real, começando com o oral e o anal, que correspondem aos dois objetos da demanda do Outro, e em seguida o olhar e a voz, sinal do desejo do Outro. Mas, no fundo, a voz e o olhar estão lá desde a origem, não acompanham diacronicamente a alimentação e a educação dos esfíncteres; a criança é envolvida desde o nascimento, pois olhamos e falamos com o pequeno recém-nascido desde o primeiro momento de sua vida.

Quando Lacan, a partir de "A instância da letra", identificou o imaginário com o significado da cadeia da linguagem, o que o faz depender fundamentalmente de outra coisa além do visível, do significante, a preeminência do escópico foi como que velada, e consequentemente a função da imagem especular se viu como que encravada no campo do significado, da significação e do sentido, e sua própria incidência permaneceu como uma questão em espera. Como prova disso, os desenvolvimentos de Lacan sobre o olho e o olhar no seminário 11, por ocasião da morte de Merleau-Ponty. Ele elabora isso de uma nova maneira quando nota que somos seres olhados, que o mundo é *omni-voyeur*; não se trata de afirmar uma paranoia generalizada, mas, antes, uma prevalência específica do registro do visível, e para especificar sua relação com a divisão do sujeito.

Esta é uma tese difícil, sobre a qual sem dúvida retornarei, mas ela implica que o campo perceptivo com os cinco sentidos seja dependente da estrutura, isto é, do efeito de linguagem. Lacan demonstrou isso inicialmente com a voz alucinada, ele então tentou aplicá-lo ao olhar. Se este for o caso, não pode haver autonomia da imagem especular com relação ao sujeito do simbólico. Quando se tratou de explicar o peso da imagem do corpo próprio, Lacan propôs duas explicações sucessivas. A primeira em seus antecedentes dizia que ela trata o desconforto devido à prematuração, a segunda acrescentava-lhe o significado com a imagem, digamos, a fantasia, e dava-lhe a função de recobrir a divisão do sujeito e, portanto, de enganá-lo com uma unidade que ele não tem em decorrência da linguagem, com a consequência de que esse sujeito precisa aprender em uma análise que ele não é Um, mas algo de dois, dividido entre significantes; fazer cair o engano de uma unidade imaginária e denunciar a casula, a vestimenta que a imagem é para o objeto *a*. No entanto, como ressaltei, após as correções que ele fez nessas teses no final, quando promove, pelo contrário, "há do Um" [*y a de l'Un*] e nada mais, e um "há do Um" que não é imaginário, Lacan refaz a pergunta: por que o ser está tão enfatuado por sua imagem? É, em minha opinião, pelo menos o sinal de que ela não lhe parece resolvida e de que, ao menos, ele ainda se questiona sobre sua própria função, independentemente das outras duas consistências.

DISCUSSÃO

Marjolaine Hatzfeld: Você pode retomar a questão sobre a qual terminou?

C.S.: Pergunto-me sobre as lições que podem ser tiradas do estádio do espelho. A primeira é que o humano é fabricado por meio da identificação, por essa razão o narcisismo está desde a origem ligado à socialização, isto é, ao laço. A segunda coisa é que, com o fato de a primeira identificação estar na imagem, isto é, um fenômeno escópico, questiono uma primazia do visível para o ser humano. Estamos acostumados a uma primazia do sonoro com a linguagem, com a língua. O estádio do espelho deve colocar a questão de uma primazia correlativa do campo do visível.

Creio que Lacan estava se colocando essa questão, existem alguns indícios, vou retomá-los. Essa é uma questão que merece ser estudada, que será importante quando se quiser distinguir diferentes figuras do narcisismo, fundindo-se com diferentes instrumentos do narcisismo.

Evangelina Planas: E quanto às perturbações do estádio do espelho no autismo, na esquizofrenia? Como situá-los se se trata de um estádio "natural"?

C.S.: É claro que, no decorrer deste ano, será necessário colocar a questão do destino do estádio do espelho e do narcisismo, e não apenas de suas perturbações, nas estruturas clínicas. Isso estava implícito naquilo que eu disse no início; Lacan, partindo da psicose, passa logo em seguida ao narcisismo, e Freud a princípio chamava as psicoses de neuroses narcísicas. Portanto, é claro que há diferenças dependendo das estruturas clínicas.

É certo que se observa perturbações do estádio do espelho no autismo, mas é uma questão do autismo em si e que me parece estar longe de ser resolvida, mesmo na psicanálise e apesar da garantia de alguns psicanalistas sobre esse assunto. A primeira ideia que chegou à psicanálise lacaniana é que, uma vez que o ser humano é um ser falante, isso deve ser uma perturbação que procede do discurso. Começou-se inicialmente nesta linha, perturbação que vem do simbólico, e a princípio colocou-se o autismo em série com a psicose. Não avanço hoje nesta questão, mas ela se coloca com a questão das diferenças.

Lembro uma discussão interessante. Meltzer, observando perturbações além do espelho, da distribuição do pulsional no autismo, tinha levantado a hipótese de que havia um dos cinco sentidos que, por razões nativas, era prevalente junto a um pequeno sujeito autista, explicando com essa prevalência o defeito da ordem pulsional habitual no autismo infantil. Com a hipótese lacaniana, respondia-se que não se tratava dos sentidos, mas do efeito da linguagem, que fabrica as pulsões. Duas hipóteses que partiam de uma constatação bastante homóloga.

Marie Selin: Trabalho com muitos autistas, eles são pequenos sujeitos que num primeiro momento não gostam da imagem. Quando chegam à terapia, o espelho não lhes interessa absolutamente, não é algo que os capte, até se tem a sensação de que eles não se reconhecem nele de forma alguma. Há algo de uma heterogeneidade da imagem em que isso não faz identidade para eles.

C.S.: É aí que podemos dizer a Lacan: e ainda assim são prematuros como os outros...

M.S.: A segunda coisa é que quando se chega a esse transitivismo, porque isso pode ser uma fase de evolução na cura, já é um nível de estruturação, em todo caso, da relação com o pequeno outro, a imagem não viria por meio do espelho, mas pelo semelhante. Esta é minha hipótese. Depois, mesmo quando se atinge esse transitivismo, penso em um menino que vejo há sete anos e que agora é um adolescente, que não tem em absoluto o culto da imagem ou os códigos sociais para fazer com que sua imagem se conforme a um uso. Há algo que resiste.

C.S.: Portanto, eles não têm apetência pela imagem, eis uma fórmula.

Claudia Oliveira: A senhora falou de um narcisismo anterior ao sujeito, a partir da autonomia da imagem. Será que é possível falar de um narcisismo anterior à imagem? Por exemplo, no texto de Freud sobre o narcisismo, ele diz que Bleuler falava de autismo para designar uma estrutura que não conhece o outro, nem mesmo o outro imaginário.

C.S.: Para Freud, o narcisismo é anterior ao espelho, sobre o qual, aliás, ele não fala. O que ele chama inicialmente de narcisismo é o autoerotismo, isto é, a fase em que a criança parece se satisfazer com seu próprio corpo sugando, se apalpando, com uma satisfação extraída do próprio corpo. O que Freud diz explicitamente em seu texto "Introdução ao narcisismo" é que ainda não há o eu; para que haja um eu, deve haver uma unidade, esse estádio de autoerotismo e de satisfação extraído do corpo próprio é uma satisfação que é polimórfica, não unificada, distribuída por zonas diversas que podem proporcionar prazer. Para que se possa falar de um eu, Freud especifica que algo suplementar que introduza uma unidade precisa ser acrescentado. Para Lacan, esse algo suplementar começa no estádio do espelho. O que precede essa unidade, e que Freud chama de autoerotismo, Lacan não deu muita importância para isso. Pelo contrário, ele coloca nessa época um suposto mal-estar vital da criança devido à impotência em que ela se encontra, já que ela está em total dependência com relação às suas necessidades etc.

É verdade que, para Freud, existe um narcisismo autoerótico sem um eu, anterior ao narcisismo da imagem, ao transitivismo, o qual instaura uma unidade. Nesse sentido, marquei uma diferença entre o ponto de partida de Lacan e o de Freud. Lacan encontra essa primeira unificação constitutiva de um eu, de modo que Freud falou no fenômeno do espelho — que os psicólogos da época, aliás, lhe propuseram.

Cathy Barnier: Duas perguntas. Seguindo o que Marie Selin disse, será que uma separação da voz e do sonoro não é necessária para que a criança seja captada pela imagem? Não tenho experiência com crianças autistas, mas tenho a impressão de que o sonoro preenche sua cabeça.

A segunda pergunta, a identificação com a imagem não implica, em um primeiro nível, a diferença entre os sexos, na medida em que já existe I e -I, que se constituem nessa identificação? Não diretamente diferença sexuada, mas um primeiro nível... isso já inscreve uma diferença.

C.S.: Não diria que se trata de um primeiro nível de inscrição de diferença entre os sexos, mas há um nível de diferença inscrito no espelho. Lacan insistiu muito para indicar que a imagem no espelho inverte a direita e a esquerda e, portanto, as duas imagens, a do corpo real e a imagem no espelho, não são as mesmas. Há uma inversão direita/esquerda que inscreve na própria imagem a diferença. Obviamente, existe a diferença envolvida em qualquer discriminação visual. Assim que há distinção visual, há diferença. É muito complicada a questão do visível, assim como a distinção entre sonoro e voz, e não apenas para o pequeno autista. Essas são questões a serem tratadas na sequência.

DOIS

30 de novembro de 2016

Deixei-os com uma questão pendente sobre a primazia do visível ou, mais precisamente, sua relação com o simbólico. Lembro que a tese por muito tempo desenvolvida por Lacan era de que o sujeito é imanente à sua percepção. Uma tese difícil, sobre a qual sem dúvida voltarei, mas ela implica que o campo perceptivo com relação aos cinco sentidos seja dependente da estrutura, isto é, do efeito de linguagem. Lacan demonstrou isso inicialmente com a voz alucinada e, em seguida, tentou aplicá-lo ao olhar. Se for esse o caso, não pode haver autonomia da imagem especular com relação ao sujeito do simbólico. Quando tratou de explicar o peso da imagem do corpo próprio, Lacan propôs duas explicações sucessivas. A primeira em seus antecedentes dizia que ela trata o desconforto devido à prematuração, a segunda, quando ele estende a noção de imaginário, incluindo aí o significado, dava-lhe a função de recobrir a divisão do sujeito e, portanto, de enganá-lo com uma unidade que ele não tem por causa da linguagem. Nessa perspectiva, a unidade, o Um portanto, era primeiramente o da primeira imagem e da fantasia em seguida, com essa consequência, de que é preciso ensinar a esse sujeito em uma análise que ele não é Um, mas algo de dois, dividido entre significantes, fazer cair, portanto, o engano da unidade imaginária e especificamente a casula, a vestimenta que a imagem é para o objeto *a*. No entanto, conforme ressaltei, após as retificações que ele fez nessas teses no final, quando promove, pelo contrário, o "há do Um" [*y a de l'Un*] e nada mais, e um "há do Um" que não é imaginário, Lacan recoloca a questão: por que o ser é tão enfatuado por sua imagem? Isso, a meu ver, é ao menos o sinal de que ela não lhe parece resolvida e, no mínimo, que ele ainda se pergunta sobre sua própria função, independentemente das duas outras consistências.

Reler os mitos

Volto ao mito. Trata-se de uma questão de relê-lo desde o discurso analítico, Lacan fez isso e é o oposto de lê-lo novamente como um erudito. Além disso, com a erudição com relação às variantes, as origens, não acabaríamos nunca e Lacan faz uma observação curiosa ao formular que, com os eruditos, trata-se da "entrada dos palhaços". À primeira vista isso surpreende, especialmente se gostamos da erudição: por que esse desprezo? E, sobretudo, não se vê muito bem o que os eruditos teriam de engraçado. Não é mais o tédio do que o riso que eles transmitem com sua paixão — pois é uma paixão? De fato, o que eles compartilham com os palhaços, tal como vejo hoje, é o lado derrisório, pois o que pode fazer o acúmulo minucioso de precisões sobre o passado longínquo em vista da preocupação com as ações do presente? Além disso, muitas vezes há no erudito algo do pedante, quiçá do prepotente; o erudito é um pouco "aparecido" [*m'as-tu-vu*] por causa do saber vão e, na verdade, isso pode fazer rir como o palhaço faz com suas confusões, que são calculadas, por sua vez. Em todo caso, não darei mostras de erudição neste ponto, isso seria inútil porque, na verdade, um mito se sustenta apenas por aquilo que ele transmite de mais geral.

O que resta do mito quando quase se esqueceu de tudo? Cada mito escreve uma figura do destino, uma maldição que leva um sujeito ao seu infortúnio, o que é um modo de dizer, por meio da narrativa ficcional, aquilo que não é ficção, mas uma realidade. "Maldição!", disse Lacan para condensar a noção clássica de infortúnio e sua causa linguageira. O mito é "a tentativa de dar forma épica ao que se opera na estrutura"[1], diz ele, ou, em outras palavras, aos efeitos que ela programa, àquilo que ela torna impossível, ou necessário. É preciso, portanto, reler cada mito indagando-lhe sobre o real que ele mitifica. Há ainda, porém, outro aspecto, que aparece no Jardim do Éden. O destino do infortúnio que ele mitifica sempre supostamente responde aí a uma falha — é esse o caso especialmente em todos os mitos da queda, e há tantos desses mitos quanto culturas existentes. Todos eles são criados para racionalizar o sofrimento ao qual os falantes sexuados estão destinados, ou seja, aquele que não poderão evitar, mas eles racionalizam o impossível por meio de uma suposta falta [*faute*]. A cada vez, pode-se perguntar: qual é a falta que está sendo expiada pelo infortúnio? É o caso da transgressão da proibição do saber no mito do paraíso perdido, da proibição do incesto no de Édipo; quanto a Narciso, é,

---

[1] LACAN, J. (1973) Televisão. In: *Outros escritos*. Tradução de Vera Ribeiro. Rio de Janeiro: Jorge Zahar Editor, 2003, p. 531.

antes, uma falta pela indiferença para com o outro sexo que ele expia. Nos três casos, o mito paga por uma falta contra o Outro, em suas três formas — Deus, o pai e a mulher. Trata-se de uma racionalização que inocenta o Outro, o responsável pela maldição, e que responsabiliza aquele que a sofre, denotando que ele é responsável por sua infelicidade, culpado. O postulado implícito é muito importante, porque a falta atenua o determinismo que a palavra "destino" parece comportar e faz do homem um ser livre, livre... para cometer a falta. Há pouca chance de as neurociências produzirem mitos, pois o homem neuronal, o homem-máquina orgânica não pode ser um pecador, não é? No máximo, pode ser um doente, louco!

Cabe a nós, portanto, reler os mitos; cada um desses mitos, aliás, é lido de maneira diferente ao longo da história, de acordo com os discursos da época, mas para relê-los a partir da psicanálise podemos tomar Lacan como exemplo, uma vez que ele releu o mito de Édipo. Cada mito pode ser questionado sobre seu real e a falta que ele racionaliza. A bem dizer, os três mitos que acabei de colocar em paralelo não estão no mesmo nível. O mito da queda é de origem quase universal e é encontrado na maioria das religiões; o de Édipo atravessa os séculos de nossa cultura, alimenta a cena desde a Grécia antiga e agora está vulgarizado por todos. Narciso, porém, não tem a mesma pregnância, as artes não lhe deram a mesma importância. Que Jean-Jacques Rousseau e Dalí tenham se debruçado sobre ele não é algo que se possa ignorar, mas pouco dele permanece no discurso atual, a não ser o termo "narcisismo", que é atual, mas que tem conotações bem distintas.

Reler o Édipo

Tomo o exemplo de Édipo. O primeiro passo de Lacan foi relê-lo e racionalizá-lo por meio da estrutura de linguagem com sua metáfora. Tive a oportunidade de mostrar isso, creio eu: a passagem para o significante do trio da historieta participava da subversão do inconsciente freudiano pela linguagem. Ao elevar o pai ao significante, ele faz dele, como ele disse, um Pai morto, sem encarnação, desconectado, portanto, das configurações sociais — isso era capital e Lacan em seguida prosseguiu nesse eixo. No entanto — uma reserva —, um pai morto não dava conta do sexo, como desenvolvi no ano passado, e Lacan teve que reintroduzir um pai um pouco mais vivo, aquele que está na base da família burguesa, como é patente em *A relação de objeto* e seus desdobramentos sobre o pai de Hans.

"Subversão do sujeito e dialética do desejo" dá um passo a mais, primeiro explicitando que o Édipo "é um mito", ao passo que a castração não é um mito, mas um "osso", real. Ora, não se imagina que uma ficção, mesmo que seja mítica, possa produzir o real, ela o eleva somente à narrativa. Em seguida, porque ele pensa novamente nisso, a falta que aí está em questão apresenta uma tese definitiva sobre "aquilo a que a experiência nos conduz a todos, com Freud na dianteira: o pecado original"[2], pelo que se espera dar conta da... culpa, a qual, por sua vez, não é um mito, mas um afeto bem difundido. Alguns anunciam seu desaparecimento. Tenho, antes, tendência a pensar que

---

[2]LACAN, J. (1960) Subversão do sujeito e dialética do desejo. In: *Escritos*. Tradução de Vera Ribeiro. Rio de Janeiro: Jorge Zahar Editor, 1998, p. 834.

eles não sabem como reconhecê-la, mascarada que ela é pela ascensão do discurso vitimista, mas essa é outra questão, e delicada. Refiro-me às páginas 833-834 dos *Escritos*. Lê-se ali que o pecado original é a falta pela qual o mito tenta dar conta de um real que se impõe. Que real é esse? Aquilo a que o castigo condena, a saber, a vida de provações, em outras palavras, a limitação do gozo pleno para o falante.

Contudo, para a psicanálise, não se trata de nenhum pecado original, mas um fato de estrutura; o gozo me é proibido, entendam aí o gozo pleno, e não por um mau arranjo da sociedade, como se gostaria de acreditar, tampouco por culpa minha, mas em decorrência do Outro, lugar do significante. Ressalto o gozo pleno, pois há um gozo, gozo fálico, mas justamente ele cai sob a influência de uma castração, tem a mesma estrutura desmembrada e fragmentária que o significante. A culpa é, portanto, apenas "coupabilidade"[3], como Lacan mais tarde formula.

Um passo adiante para repensar o Édipo em termos de estrutura é, obviamente, "O aturdito", que o reformula não a partir apenas das leis da linguística, mas da lógica da linguagem e seus desdobramentos na lógica dos conjuntos. O Édipo está escrito ali, Lacan diz isso explicitamente com as fórmulas, do lado masculino. O pai desta vez é restabelecido aqui não a um significante, mas à necessidade lógica de um dizer de exceção no fundamento de toda proposição universal. A proposição universal que diz respeito ao gozo fálico sujeito à castração: para todo x phi de x.

---

[3]Nota do tradutor: Neologismo utilizado por Lacan que sobrepõe as palavras *coup* (gole), *couper* (cortar) e *culpabilité* (culpa).

"Televisão" retorna a esse tema, e coube a Lacan substituir o termo freudiano "mal-estar" por "maldição sobre o sexo", que, com seu equívoco, implica com a dicção o efeito do dizer. O real é formulado aí em termos de impasse sexual, não de relação sexual para o falante condenado ao gozo fálico. Inventamos a repressão familiar para explicar esse real, mas não é culpa [*faute*] da repressão, mas do efeito de linguagem. Lacan propõe isso em uma época em que o tema da repressão familiar havia chamado novamente a atenção com o protesto de 1968 contra a ordem familiar. Ora, o Édipo apresentava justamente uma "ordem familiar" correspondente à da família burguesa tradicional, legalizada, com um pai chefe de família como se dizia, ou seja, dono de sua mulher-mãe e dos filhos. Pois bem, Lacan não se comove nem um pouco com aquilo que indignava e indignaria ainda hoje uma maioria animada pela preocupação com a paridade. Ele chega até mesmo a fazer algo que parece irônico: "Mesmo que as lembranças da repressão familiar não fossem verdadeiras, seria preciso inventá-las, e não se deixa de fazê-lo"[4]. Com efeito, que são essas lembranças que se recolhe em uma análise? São sempre lembranças de limitação, até mesmo de ameaça de limitação, portanto, lembranças que sempre dizem respeito aos obstáculos trazidos à aspiração à plena satisfação e que o sujeito interpreta como sendo ocasionados por seu entorno familiar, o qual ele acusa, portanto. Há análises em que o processo dos pais falta? Deixo isso de lado.

---

[4] LACAN, J. (1973). Televisão. In: *Outros escritos*. Tradução de Vera Ribeiro. Rio de Janeiro: Jorge Zahar Editor, 2003, p. 531.

A ordem familiar, então, eis aquilo que ele diz sobre ela: "A ordem familiar só faz traduzir que o Pai (escrito em maiúscula) não é o genitor e que a Mãe permanece contaminando a mulher para o filhote do homem"[5].

Detenho-me nesta frase que diz respeito à junção entre o Édipo freudiano e a família burguesa, que foi muito discutida pelos sociólogos e antropólogos, que a usaram em uma certa época como uma objeção a Freud. E Lacan entrou na questão mostrando que não se tratava de uma objeção àquilo que Freud estava tentando introduzir. No entanto, obviamente a frase de Lacan parece exonerar a família burguesa, aquela que sustenta a historieta edípica com três termos: o papai, a mamãe e a criança. Será um eco longínquo do texto de 1938, que tomava partido dessa forma de família como a melhor condição para a formação de um indivíduo dotado de autonomia, e contra as educações mais coletivas? Será, portanto, uma defesa para a ordem familiar que poderia colocar lenha na fogueira da *Manif pour tous* se a ordem familiar, que é uma ordem social historicamente contingente, traduzisse as necessidades da estrutura? Vejamos isso de perto.

Que o pai não seja o genitor já era algo implicado na metáfora. Lacan insistiu muito a princípio e aplicou isso a todas as estruturas antropológicas. O genitor, o do DNA, tal como diríamos agora com a ciência, é uma função sexual da natureza; o Pai é uma função da cultura, do simbólico, e, portanto, é transcultural. Mas as culturas que não deixam de ter linguagem e simbólico são diversas. Daí a questão: quais são, na experiência concreta, os

[5] *Ibid.*

índices fenomenológicos dessa dissociação entre pai e genitor? Lacan evocou culturas em que essa dissociação pode ser melhor vista, em que a gravidez da mãe é, por exemplo, atribuída a qualquer outra coisa que não seja o coito com um homem da natureza, se puder designar o pai assim. Isso é menos visível na família burguesa, na qual se supõe que aquele que se chama de "pai" seja o genitor, até mesmo deve ser o genitor, daí a vigilância que todas as sociedades exerceram sobre a fidelidade das mulheres, daí também os sintomas que geram em regra geral as configurações nas quais a criança nasce de um genitor que não é o pai "legítimo" como se diz e, em nossas sociedades, foram durante anos os dramas dos chamados filhos bastardos. Daí a ideia de que, na família burguesa que conhecemos, é o fato de que o Pai seja legalmente investido como chefe da família por todo o discurso da sociedade que inscreve a distinção entre o Pai e a função natural de reprodutor. E, de fato, não há pai no mundo animal, mas apenas genitores. Não é, portanto, uma defesa da forma burguesa da família, mas uma reafirmação do fato de que o humano só se forma em estruturas sociais, nas quais as relações não se constroem sem a linguagem, sem o simbólico. Obviamente, quando Lacan fala mais tarde do dizer-Pai, a dissociação para com qualquer forma social será ainda mais acentuada.

No momento de nossa história, o que dizer do discurso sobre o pai como genitor, prova pelo DNA, com um certo número de dispositivos legais feitos para forçar os genitores a assumir as funções sociais do pai, na verdade essencialmente uma: a de contribuir para a manutenção financeira das crianças? Estes dispositivos foram construídos pouco a pouco para proteger as mulheres. Em seguida, vieram os dispositivos para proteger os velhos pais desprovidos, com a obrigação de os filhos sustentá-los, com os processos judiciais dos pais contra os filhos e também das crianças contra os pais. Há um rebaixamento das obrigações simbólicas com as obrigações financeiras, cujas razões podemos analisar, mas que obviamente embaralham as linhas. Mas há mais do que isso com a questão, daqui para a frente, do direito de conhecer o genitor mesmo quando um pai no sentido social está presente. O que significa a aspiração de tantos sujeitos que têm um pai de fato a querer conhecer o genitor e independentemente da qualidade do pai? Será que se imagina que o genitor é o Pai? Que se desconhece a diferença entre a função simbólica e a função real, ou será simplesmente que um pai de carne e osso nunca é o Pai, mas simplesmente um homem, e essa é uma outra dissociação? Difícil de dizer, mas essas são questões muito atuais e muito apaixonantes.

A mãe permanece contaminando a mulher para o filhote do homem. Aí saímos da questão do simbólico, passamos para o registro do real das relações sexuadas, e do ponto de vista do homem. Ele não diz o pai permanece contaminando o homem para a mulher, está-se do lado da tradução do Édipo pelas fórmulas do lado do homem. A contaminação é a transmissão de uma impureza no sentido moral, de uma doença no sentido orgânico. É o amor pela mãe que estraga o amor pela mulher. Ele já disse, em "O aturdito", "que uma mulher, aqui, só sirva ao homem para que ele deixe de amar uma outra"[6], mas que, não

---

[6]LACAN, J. (1972) O aturdito. In: *Outros escritos*. Tradução de Vera Ribeiro. Rio de Janeiro: Jorge Zahar Editor, 2003, p. 469.

tendo êxito, ele a retenha contra ela. Isso significa que o desapego do objeto materno que a saída do Édipo deveria produzir de acordo com Freud é mais do que problemática. Não insisto nesse ponto, que, no fundo, diz respeito à clínica da não relação sexual, que não é meu objeto aqui.

Reler o mito de Narciso

Volto-me agora, armada com este exemplo, para o mito de Narciso, um verdadeiro mito da antiguidade. Seleciono o mais conhecido, a história relatada por Ovídio. Narciso[7], a princípio, é o caçador solitário, indiferente, totalmente insensível aos encantos das ninfas que sua beleza cativa, especialmente aos da ninfa Eco. Narciso é, pois, um autossuficiente, até que *Nêmesis,* a vingança, faz com que, para sua infelicidade, ele encontre seu próprio reflexo na água, que, a partir de então, o cativa e se torna seu único objeto, mas mortalmente inacessível. O que se depreende do mito é, sobretudo, o fascínio pela imagem, com a qual o estádio do espelho de Lacan é bastante consonante. Qual é o real que se encontra aí mitificado, e qual é a falta? Esta última está bem indicada, uma vez que o que lhe valeu a maldição da imagem, como me expressei, é sua indiferença ao outro sexo, podemos dizer, se quisermos, ao Outro, com maiúscula, que é a mulher, o deus do sexo. Daí se perguntar se essa falta contra o amor heterossexual não é o sinal de que naquela época ainda se acreditava na relação [*rapport*] sexual — ao menos, para os deuses, haveria apenas um passo. Mas qual é a realidade implicada nessa relação

---

[7]OVÍDIO. *Metamorfoses.* Tradução e notas de Bocage. São Paulo: Hedra, 2007, v. 339-510.

fatal com a imagem que é aquela de Narciso? Sua captura por esta imagem, primeiro objeto para ele e que, por ser impossível de apreender, o leva à morte, não diz o contrário do que conota o termo narcisismo, ou seja, a impossível autossuficiência, a não completude, uma versão, portanto, da falta subjetiva que afeta os falantes? Aliás, a ligação que mencionei entre o estádio do espelho e o primeiro rascunho de um laço social que se estabelece por meio da identificação semelhante vai no mesmo sentido. É por isso que paro naquilo que chamo de desgraças de Narciso.

Narciso ama a si mesmo, essa é a primeira definição de narcisismo. Contaram-me, uma vez, uma frase muito bonita de Oscar Wilde que diz que "o amor-próprio é um amor que dura a vida inteira", mais confiável do que outros, portanto. Obviamente, há uma questão sobre o si mesmo, a mesma que encontramos em "autorizar-se por si mesmo". O primeiro si mesmo é a unidade identificante da imagem, mas é apenas a entrada na questão. Por conseguinte, será necessário distinguir diversos estratos do narcisismo — voltarei a isso mais detalhadamente. Estamos cansados da crítica desse narcisismo da imagem, e com razão. Ele comporta uma dimensão de autoidealização que vai na direção dessas variantes que são a supervalorização, a vaidade, a enfatuação. Ele "se acha" [*se croit*], o pequeno narciso. Às vezes, isso chega perto da loucura, do delírio megalomaníaco, é seu lado derrisório e, a cada vez, surpreendentemente, quando se constata o quanto, por exemplo, a autoavaliação satisfeita pode se esconder mesmo atrás daquilo que se apresenta como uma falta de confiança em si, especialmente nas mulheres. Não insisto mais, essa é uma das fontes tragicômicas da vida social.

E depois, o narcisismo dessa fase é amor, falta-lhe o dinamismo do desejo e da pulsão. A introdução dessas duas dimensões na experiência, aliás, obrigará Lacan a repensar ou a complexificar essa noção.

Marquei a diferença com relação a Freud, que, desde o início, coloca o narcisismo no nível de um avatar do sexual e das pulsões que precediam a unidade imaginária do eu. Isto é textual em "Introdução ao narcisismo". Mas Lacan disse que, quando se ama, não se trata de sexo. É, no fundo, um si mesmo ainda muito incompleto, o narcisismo do espelho com o amor por sua imagem, pois há em cada um, com certeza, algo que se prefere à sua imagem. Voltarei a isso.

Detenho-me por ora num outro traço desse amor do narcisismo da imagem que é o oposto daquilo que se imagina. Acredita-se naturalmente que se trata de um amor que subtrai a infelicidade do amor, aqueles que a princípio não tocavam precisamente o Narciso do mito, ou seja, a dependência daquele que ama em relação ao seu objeto com a ameaça de perdê-lo. É o que indica a frase de Oscar Wilde. Acredita-se, então, que Narciso é autossuficiente, mas isso é uma ilusão. Desde o início, com o primeiro instrumento do narcisismo que é a imagem, Narciso não deixa de estar à mercê do espelho, e isso é diferente do que Lacan desenvolveu com relação à fixidez alienante da imagem. O narcisismo não caminha sem outro, "Espelho meu, diga-me...", mais precisamente, está cravado no olho do Outro, com maiúscula. Esse espelho que é interrogado é um espelho falante como me expressei anteriormente, um suposto saber, portanto, saber o que valem as imagens, ele preside ao seu valor. É o que Lacan inscreveu em seu esquema óptico. O narcisismo, portanto, não está fora do laço social — diferentemente da psicose, se acreditarmos em Lacan —, ele preside, pelo contrário, uma modalidade específica do laço social e está inscrito nos primeiros textos de Lacan, conforme indiquei.

DISCUSSÃO

Nestor Tamarin: Lacan, no seminário 16, evoca o vacúolo, um vácuo êxtimo, e ele precisa que há diferentes tipos de borda, que o difícil é circular e que o mais difícil é a borda circular. O amor de Narciso pela imagem, por esse objeto de imagem, não pode não supor o êxtimo.

C.S.: Foi isso que desenvolvi, em outras palavras. Não falei do vacúolo. O vacúolo designa, é uma forma ao mesmo tempo topológica e imagética de presentificar um vazio interno em um espaço; as palavras para dizer isso são a falta ou divisão do assunto. Com vacúolo, Lacan dá uma versão simultaneamente topológica e imaginada, representamos para nós mesmos, por exemplo, uma bolha na água. Isso diz que o ser falante é habitado por uma falta. A questão é que o estádio do espelho, como desenvolvi no último encontro, é anterior ao sujeito, anterior à entrada do sujeito "no real", a qual supõe a demanda. E, logo, a questão é saber se o vacúolo já está lá, na primeira relação com a imagem, ou se é preciso que a linguagem, isto é, a demanda, comece no pequeno ser, para que o vacúolo comece a funcionar.

O real do mito é que o vacúolo está implicado pelo próprio amor. Um ser completo não ama, não pode amar. O amor supõe a falta [*manque*]. O próprio amor pela imagem situa a imagem em posição de complemento, do sujeito barrado do vacúolo êxtimo. O que é certo é que Narciso precisa do olhar. Um Narciso sem olhar não existe. É por isso que coloquei a questão: haveria uma autonomia do visível com relação ao sonoro? O campo do significante começa com o sonoro. O visível seria relativamente autônomo e contemporâneo? No fundo, os animais superiores têm relação com o escópico e o visível, a diferença é que eles não se identificam com sua imagem. Porque o pequeno Narciso precisa também de um olhar, por menor que seja. O mito diz isso, que Narciso, contrariamente às significações habituais e ao uso que fazemos da palavra, indica que ele é um ser incompleto, que perdeu algo, senão ele não poderia se apegar à sua própria imagem.

Maria Velissaropoulou: Como Narciso sabe que aquela é a sua própria imagem? Estou pensando no esquema óptico?

C.S.: Será que ele sabe? O transitivismo mostra que a questão de quem é a imagem não é simples. Na história do mito, Narciso não sabe, mas os oráculos sabiam. Um que havia sido questionado sobre o futuro de Narciso havia dito: "Tudo ficará bem se ele não encontrar a si mesmo".

Marie Selin: Como se passa do Um da imagem para o "há do Um" [y a de l'Un], que permanece para mim uma fórmula complexa?

C.S.: Não vou tratar dessa questão em dois minutos, mas é certo que Lacan, partindo da referência a um Um identificador, chegou a um outro Um, que não diz respeito ao processo de identificação, ao passo que o espelho, sim.

O fato é que a psicanálise é um processo em que, entre outras coisas, "denunciamos" as identificações — o termo é de Lacan. Ele não diz simplesmente: nós as recenseamos, mas as denunciamos — termo estranho. O sujeito, em uma análise, pode debulhar um certo número de identificações que são suas e que podem deixar de operar. E, como há uma identificação fundamental com o falo, também dizemos: o processo de desfalicização. Em todo caso, a análise vai no sentido não de sustentar as identificações, mas o contrário. De certa forma, despir o sujeito não apenas das imagens de seu eu ideal, mas das imagens dos Uns dos significantes que o comandavam. Traz-se o sujeito ao seu ponto de maior desamparo, Lacan dizia isso numa época. É isso que chamamos de queda das identificações. Por quê? Porque uma identificação toma emprestado sempre um traço, seja ele qual for, do outro e/ou do Outro, e porque na psicanálise se procura o que o ser é propriamente.

Filipo Delanoche: Estava pensando na referência de Édipo entre Freud e Lacan na história do movimento psicanalítico. Freud se pergunta sobre as questões que levaram à ruptura com Jung. Esta é a primeira vez que ele fala diretamente de seu complexo de Édipo para ele, e agradece a Jung por ter introduzido a doutrina dos complexos, ao mesmo tempo em que o repreende por considerar o Édipo como algo de simplesmente simbólico.

C.S.: Mantive a ideia de que o debate entre Freud e Jung se dá no fato de que Jung mantém o simbólico e o imaginário, o discurso e as representações que o acompanham, mas sem o sexo. Freud continua firme no fato de que não podemos eliminar a dimensão sexual. Mas, quando Freud diz que sentido sexual é o sentido das pulsões, daí o problema que ele tem com a vida amorosa e seu uso de Édipo para situar a heterossexualidade. Lacan entrou em segundo na questão do Complexo de Édipo, por outra porta, e ele procura resolver outra questão, que não é a de Freud. Ele entra pela questão da psicose, e tudo o que ele constrói da metáfora paterna é para explicar a psicose primeiro. A questão do sexo vem em segundo lugar.

7 de dezembro de 2016

Detenho-me um pouco na função da imagem em nosso mundo. Hoje, o narcisismo da imagem adquiriu uma dimensão inimaginável e inimaginavelmente ativa em relação ao passado, até mesmo o passado recente.

A indústria do narcisismo

Estamos presenciando uma verdadeira cultura da imagem. Pensem na prática das *selfies* — temos o espelho no bolso —, em todas as técnicas atuais de fabricação dos corpos imaginários, com as normas em uso da silhueta em primeiro lugar, as indústrias alimentícias que lhes dão volume, as da moda que os cobrem, a cirurgia estética que os transformam, sem mencionar as práticas de marcação distintiva, que vão das tatuagens à *body art*. Não pararíamos de enumerar, com os novos poderes de manipulação da imagem devidos à técnica e o novo valor que o sujeito de hoje confere à sua imagem, tomada como um índice de identidade. Todas essas imagens adquirem uma função superegoica específica, que não passa pelas palavras do mandamento, mas pela indução imaginária, com o que ela comporta de imitação e de diferenciação na relação com o semelhante. Esses fenômenos exibem-se em adolescentes, justamente em razão da incerteza identitária que marca esse período da vida, em que os dados ainda não foram lançados. Essa disjunção do real e do parecer não é uma descoberta da psicanálise, e tampouco alienação dos indivíduos no parecer. "Eu é um outro", a fórmula é conhecida há tempos. E não seria esse um grande tema do analisando? Por um lado, ele se pergunta como detectar como ele é visto, aquilo que lhe "dão como retorno", como ele diz, e, por outro, protesta: "não sou aquilo que você acha" — aí, novamente, pego emprestado do discurso comum a pequena história daquela que tomamos por uma vaidosa que se insurge, renegando, portanto, mas que, por outro lado, se esforça para coincidir com a imagem ideal, que lhe dá a sensação de estar despossuída de si mesma.

Uma identidade que se mostra, que se oferece para ser vista, é uma imagem... para um olhar, como o significante do sujeito é para outro significante. Na margem do visível, então, há o objeto, sempre, ou seja, aquilo que não pode ser visto. Os psicanalistas — que lidam com sujeitos na medida em que eles falam e não na medida em que se mostram — tendem a denunciar esses novos fatos de civilização. No entanto, não devemos esquecer que os paradoxos da identidade sempre encontraram sua mola propulsora, essencialmente, na disjunção entre o ser real e o parecer. Somente o imaginário do parecer inevitavelmente se desdobra entre aquilo que é oferecido aos olhos, o parecer da imagem, o parecer da imagem fotográfica de certa forma, e aquilo que parece de não fotográfico na significação por meio da linguagem, a qual carrega os ideais que Freud diz serem do eu e que Lacan diz serem do Outro (com maiúscula), grande I de grande A, I(A), esses ideais que decidem, entre outras coisas, sobre o valor das imagens, e o valor da imagem não é do registro do visível.

Não conseguiria ver como o Outro me vê. Quanto ao Outro, ele pode dizer, dirigindo-se ao sujeito: "você não me vê de onde eu vejo você". Aí se abre o capítulo dos infortúnios de Narciso: o de sua autossuficiência e de sua ignorância. Ele está à mercê do espelho sob o duplo aspecto que comentei, o da imagem que se mostra e o do olhar que não se vê. O espelho que é o Outro presentificado pelos outros coloca paradoxalmente o pequeno narciso do estádio do espelho à mercê do desconhecido, pois subordina a relação com a imagem primária, a relação com o Outro barrado, do qual Santo Agostinho, em sua famosa frase, já havia tomado a dimensão. Esse olhar está em toda parte e em nenhum lugar, pois o que seria uma imagem que ninguém veria, ou uma significação que não fosse para ninguém? Não é de se admirar que se tenha inventado um deus que vê tudo, as imagens e seus para além da significação e de sentidos. Ubiquidade do olhar, o mundo é *omni-voyeur*. Não espanta, no fim das contas, e mais essencial, que se aspire a uma separação, a questão toda é saber se há um narcisismo de separação possível.

Narciso e outrem

À qual relação preside o narcisismo em sua aspiração de, digamos, "tornar-se belo"? Belo aos olhos de outro, sem maiúscula. O narcisismo, pelo menos em um primeiro nível, é a tática do "aparecido" [*m'as-tu-vu*]. Essa fórmula, com seus dois pronomes pessoais, à qual Lacan deu tanta importância, inclui a necessária dimensão relacional do narcisismo e indica justamente a dependência de Narciso. A *selfie* é notável a esse respeito. O sujeito se vê como sendo interessante o bastante para se mirar em um verdadeiro espelho, mas precisa em seguida enviar a *selfie* a alguns outros para mirar a si mesmo no olho desses outros. Na ilha deserta, a *selfie* não seria de muita serventia, pressente-se isso, e é por isso que não se diz "não esqueça seu espelho", mas se pergunta "que livro você levaria para uma ilha?", pois o significante é um outro parceiro. Não há Narciso fora de uma relação [*relation*] de sedução, em todo caso. O personagem do sedutor ou da sedutora não tem boa reputação, mas é porque eles são confundidos com o infiel, Don Juan, ou a traidora provocante. No entanto, a sedução é uma forma de demanda, e o analisando não escapa dela, longe disso, em sua fala transferencial, o que ele faz senão "manobrar" o espelho do Outro, diz Lacan, para parecer amável e se encontrar amável ao mesmo tempo. O que é melhor que a experiência da transferência e daquilo que nela se atesta para se assegurar de que o amor-próprio não se sustenta sem o amor recebido do outro?

Haveria ainda mais a dizer sobre a *selfie* se não nos deixarmos ser completamente capturados pelo discurso banal recorrente. É certo que a atual prevalência do registro da imagem vem do capitalismo que a comercializa, a oferece, portanto, e a política da oferta é uma política da incitação ao consumo, a qual é constantemente lembrada. Isso não exime de se perguntar o que responde junto ao consumidor. Para a *selfie*, é possível se perguntar se ela não tem algumas implicações metafísicas quanto à nossa relação com o tempo. "Infelizmente, tudo passa" no tempo que, por sua vez, não passa. "Ninguém nunca pode se banhar duas vezes no mesmo rio", pois o rio nunca é o mesmo de um momento ao outro, disse o pré-socrático Heráclito, e contra Parmênides. Só que graças à linguagem, ao significante, aquilo que passa, aquilo que flui, se pereniza na cadeia do discurso, faz memória e, de fato, se não temos mais as imagens dos gregos, excetuando--se a arte da escultura, temos seus textos. Então a *selfie*, que fixa o instante de vida que não pode ser reproduzido, que imobiliza o mais evanescente e também o mais insignificante, a imagem que partilhamos, de que lado ela está? Não seria como um remédio, decerto de desespero, não apenas para a solidão, mas para o desaparecimento? E depois há outra coisa: será que não se pode ressaltar o seu valor... democrático? Pois a *selfie* generalizada de nosso tempo se opõe ao elitismo do comércio das imagens de luxo, como sabemos, todas essas revistas, casas bonitas, áreas privilegiadas, desfiles de moda, personalidades etc., e ao lado da *selfie* para todos, outro princípio de individuação está ao alcance de todos. É isso que uma propaganda bem conhecida implica, não sei de qual produto, talvez um perfume, e que diz "porque você vale muito" [*parce que je le vaux bien*][1].

Nesta época de crescente anonimato de massa e de desinserção para muitos, acredito que a *selfie* seja o paradigma de um princípio de individuação simples e que não custa muito. Diria o mesmo das tatuagens. Elas são cada vez

---

[1] Nota do tradutor: Referência ao *slogan* de uma propaganda da L'Oréal popular na França nos anos 1970. No Brasil, a empresa utiliza "Porque você vale muito".

mais frequentes e não têm a mesma função que em outras civilizações, em que poderiam ter uma função erótica e/ou religiosa. No nosso caso, elas têm uma função diferente, individuante, elas marcam uma pequena diferença — a qual, aliás, toma emprestada da identificação de grupo — e aquilo que deve ser notado é a sua repartição social, justamente essas não são as elites nem da fortuna, nem do poder que se tatuam, mas os anônimos do capitalismo; isso, sem dúvida, é porque os primeiros têm à sua disposição outros sinais distintivos, os de luxo, entre outros, e, mais geralmente, tudo o que diz respeito ao... bom gosto.

O "narcisismo do desejo"

Como disse, o narcisismo não se reduz ao amor pela própria imagem. É preciso, portanto, colocá-lo no plural. Foi Lacan quem fez isso quando falou do "narcisismo do desejo". A expressão surpreende, ela aliás dificilmente foi notada e rapidamente esquecida, pelo menos naqueles que tiveram a longa experiência do estádio do espelho como célula primária do narcisismo do eu. E por quê, senão por causa, como sempre, de suas preconcepções, preconceitos oriundos das leituras dos textos anteriores? Lacan a isso opunha, é verdade, o eu [*moi*] de um lado e o desejo pensado como o próprio ser do sujeito suposto ao simbólico. Um ser que não tem a ver com a imagem, que, se aparece, o faz apenas como um *x*, uma imagem desconhecida, idêntica ao enigma do sujeito. No entanto, o contexto em que Lacan introduz essa expressão pode nos esclarecer. Trata-se das "Diretrizes para um Congresso sobre a sexualidade feminina", escrito em 1958, e um parágrafo na página 742 dos *Escritos* que trata da relação da mulher com o falo.

Vejamos a coisa de perto. Lacan argumentou desde cedo que as relações entre homens e mulheres se situavam a partir da relação com o falo, dividida entre o ter ou o ser. Algo que ele retoma em "O aturdito", acerca daquilo que ele escreve como função fálica que faz suplência à relação sexual, dizendo que não há nenhum exagero, cito, em "[situá-la] na questão central do ser ou do ter o falo"[2]. É essa relação com o falo, significante da falta, tornada inevitável pelo próprio efeito da linguagem, que explica o motivo das pregnâncias do parecer em todas as relações entre os sexos. Elas são "irrealizadas", disse Lacan. Isso é lógico, pois o falo significante do desejo não é o significante do objeto do desejo, ele significa o desejo apenas como um desconhecido, um ponto de interrogação de acordo com o grafo, ou o x de uma equação segundo a "Proposição sobre o psicanalista da Escola". Daí o parecer que governa, de fato, a comédia entre os sexos, parada masculina e mascarada feminina, em que um mostra o que tem e o outro finge sê-lo. O tema é conhecido. Na página à qual me refiro, em que Lacan introduz a expressão narcisismo do desejo, trata-se da genitalidade das mulheres e da eventual frigidez com que ele procura explicar o motivo. É aqui, além disso, que ele afirma aquilo que acho que é o mais importante para o meu propósito, que o "narcisismo do ego" é "o protótipo" dele. Eis o Ego desde 1960, portanto, e ele não deve nada a Joyce.

Lacan distingue duas posições de mulheres. Ele postula que o que uma mulher normalmente chama de seus

---

[2]LACAN, J. (1972) O aturdito. In: *Outros escritos*. Tradução de Vera Ribeiro. Rio de Janeiro: Jorge Zahar Editor, 2003, p. 457.

votos para além do véu do recalque é "o amante castrado", como mostra o fascínio pela figura de Cristo, a qual vai além do pertencimento religioso. A tradução clínica da expressão "véu de recalque" é que o desejo é um x, um desconhecido, em outras palavras, que não sabemos a que ele visa, qual é seu objeto, só conhecemos seu significante. E cabe a Lacan postular que, para uma mulher, é ao amante castrado a quem ela apela. Com base nisso, ele tenta deduzir a fonte do orgasmo feminino, dizendo que, a partir daí, desse desejo, portanto, cito, "uma receptividade de abraço"[3], abraço do amante castrado, como uma mãe abraça seu filho ou a virgem do cristo morto, "uma receptividade do abraço tem que se reportar, como uma sensibilidade de cinta no pênis"[4]. Está-se claramente em um período em que Lacan estava tentando conceber o gozo do sexo como um efeito da posição do sujeito. Isso é tão verdade que ele situa imediatamente depois a fonte da frigidez em uma posição específica de identificação imaginária com, cito, "o padrão [*étalon*][5] fálico que sustenta a fantasia". A expressão padrão [*étalon*] fálico merece explicação, uma vez que designamos como garanhão [*étalon*], junto aos animais domésticos, o animal reprodutor, especialmente em cavalos de corrida. O fato de ele evocar a fantasia indica, creio eu, que o *étalon* não deve ser tomado aqui no sentido do garanhão reprodutor, mas

---

[3]LACAN, J. (1958) Diretrizes para um Congresso sobre a sexualidade feminina. In: *Escritos*. Tradução de Vera Ribeiro. Rio de Janeiro: Jorge Zahar Editor, 1998, p. 742.
[4]*Ibid*.
[5]Nota do tradutor: Em francês, *étalon* pode ter o sentido de "padrão" (de medida, por exemplo), mas também o de "garanhão" (animal destinado à reprodução), donde a reflexão da autora.

no sentido do metro-padrão [*mètre étalon*], o falo metro-padrão de todos os objetos da fantasia: ele dá a medida comum, uma vez que é a falta da castração masculina que todos esses objetos da fantasia vêm suprir.

É aí que Lacan, ao comentar essa identificação com o padrão [*étalon*] fálico de todos os objetos, propõe o seguinte: não é de surpreender que "o narcisismo do desejo se agarre imediatamente ao narcisismo do *ego* que é seu protótipo"[6]. Isso coloca justamente que aquilo que os dois narcisismos têm em comum é a sua função identificatória, que enfatizei desde o começo do ano. A diferença entre as duas posições que Lacan distingue aí é sutil: é a diferença entre visar o desejo que a castração condiciona no outro, e então tem-se o narcisismo do desejo feminino, e se identificar com o padrão [*étalon*] fálico de todos os objetos particulares, e aí se tem o narcisismo do ego. Neste, a identificação com o falo, com um significante, portanto, vem se sobrepor à identificação com a imagem, ela tem a mesma função: garantir uma pseudoidentidade, uma faloácia [*phallace*][7] de identidade, que deve ser escrita com um *ph* desta vez, garanti-la por meio da imagem erigida como significante do sexo.

Sem dúvida, voltarei à clínica diferencial do narcisismo segundo os sexos. O que guardo no momento desta aproximação entre narcisismo do ego e do desejo é, primeiramente, aquilo que já disse, ele acentua a junção entre

---

[6]LACAN, J. (1958) Diretrizes para um Congresso sobre a sexualidade feminina. In: *Escritos*. Tradução de Vera Ribeiro. Rio de Janeiro: Jorge Zahar Editor, 1998, p. 742.
[7]Nota do tradutor: Neologismo que amalgama os termos *phallus* (falo) e *fallace* (falácia).

narcisismo e identidade por meio de uma identificação; em segundo lugar, que um narcisismo do desejo não pode ser como aquele do espelho, um narcisismo passivo, ou seja, um narcisismo da contemplação; é necessariamente um narcisismo ativo, que trabalha e às vezes se faz combatendo, seja porque reivindica sua imagem à porfia daquela que se supõe aos outros, seja porque ele luta ativamente para sua realização efetiva nas competições com outrem. Disse que o narcisismo é amor, mas aqui é preciso acrescentar esse outro narcisismo do desejo, que é um narcisismo do sujeito, não do ego; ele engaja as pulsões até onde o desejo é seu veículo. Aqui é necessário redefinir o narcisismo, que, mais que amor-próprio, é afirmação de si [*affirmation de soi*]. Consequentemente, a relação com os outros à qual ele preside é... a comparação e a competição. "Espelho meu, me diga se há alguém mais bela do que eu", porque não basta ser bela, mas a mais bela. Ainda assim, isso não é particular às mulheres. Nesse nível, as paixões elementares causam raiva. A inveja [*envie*] de receber menos do que o outro enraivece, novamente Santo Agostinho, e o ciúme [*jalousie*] de ser excluída de um laço amoroso [*de couple*], real ou suposto, fulmina e consome. Muito mais do que a inveja e o ciúme, que são apenas consequências, a rivalidade, que luta com a vontade de prevalecer, constitui a fonte da relação com os outros, à qual a ambição narcisista preside. Acho bastante inútil fazer chacota e deplorar essas vis paixões, a religião cristã basta para isso, não se precisa da psicanálise para isso. Por outro lado, é preciso ir à fonte: essa paixão pela identidade, que se constata, que está no nível dos fenômenos observáveis, que foi reconhecida há um bom tempo, tem sua razão de ser. Ela atravessa os séculos porque sua razão é estrutural. Suas formulações são diversas; Lacan disse: o que sou eu? Essa é uma questão sobre a identidade por excelência, que surge do fato de que o Outro, por estar barrado, não saberia dizer. Que não me digam que uma questão sobre o ser não é uma questão sobre a identidade, é uma questão sobre a identidade do ser falante. Na clínica essa questão é modulada na forma de um "o que eu sou para o outro, aos olhos do Outro?". E não dizemos às vezes "se ele me abandonar, então 'eu não sou mais nada'"? Também se pergunta: qual é o meu lugar entre os outros, é claro. Também se deplora — "não tenho lugar" —, o do outro é melhor. São todas fórmulas que emanam de um narcisismo questionador ou ferido, e que indicam que a identidade narcísica, seja do ego ou do sujeito, é ela mesma... dividida, pois não caminha sem o outro, o semelhante colocado em posição de grande Outro, a partir do momento em que essa demanda é dirigida a ele: "diga-me". Todas manifestam uma verdadeira doença que chamei há muito tempo de a doença da comparação, gerando inveja e emulação rivalitária, ao que é preciso acrescentar a suspeita, que vigia ciosamente, particularmente no amor, e que culmina na fantasia de exclusão e de rejeição, especificamente da histérica. Aspira-se a quê, no fundo? Pois bem, à diferença absoluta, aquela que, por definição, não seria relativa à outra. Voltarei a isso. Por enquanto, acrescentarei ainda que não deveríamos esquecer que a forma mais eminente de competição é a emulação, na qual a afirmação de si é menos destrutiva do que... produtora do outro. É dela que saem todas as obras, das menores às maiores, essas produções que surpreendiam tanto Freud que ele rebatizou essa fecundidade do termo de "sublimação". Lacan, no final de seu ensino, abandona essa sublimação, e com uma palavra: o escabelo. Também voltarei a isso. Detenho-me no mal-entendido a respeito do narcisismo do sujeito na psicanálise. O narcisismo como amor pela imagem e/ou afirmação de si tem diversos instrumentos. Mencionei dois, a identificação com a imagem e a identificação com o significante do desejo, e não é preciso mais para já supor que pode haver um narcisismo do sintoma de gozo. Lacan introduziu o narcisismo do desejo acerca da relação entre os sexos como aquilo que permite, no fundo, "se achar/se acreditar" [*se croire*] no nível sexuado homem para a mulher, ou mulher para o homem, e isso passa pelo modo de relação com o falo, que obviamente supõe a falta. A definição de narcisismo do desejo pode ser expandida. Ele consiste em se identificar com aquilo que lhe impulsiona na vida sem que você saiba bem o que está lhe impulsionando, este é o desejo, e sua forma mais notável é de não "ceder em seu desejo", fórmula que se repete sem saber o que se diz. Pois manter-se firme em seu ser de desejo, tão opaco, e até mesmo desviante, qual seja, é o narcisismo do desejo em sua forma mais geral. Estão vendo a ironia da história dos analistas lacanianos, pois é justamente o que, desde o seminário *A ética da psicanálise,* eles idealizaram como o oposto do narcisismo. Ora, Antígona, paradigma daquela que não cede, é o cúmulo do narcisismo do sujeito e, além disso, de fato e no fim das contas, é apenas um fato teatral, mas é o teatro daquela que, no que diz respeito a se fazer um escabelo na memória dos humanos, obteve sucesso magistralmente, ao preço de sacrificar tudo aquilo que procede das amenidades da vida e da ética dos bens. Que mal-entendido! E depois do seminário sobre a ética, idealizamos com *Os quatro conceitos fundamentais da psicanálise* "a diferença absoluta" de fim de análise. Mas a diferença absoluta é o absoluto da afirmação de si e sancionada pelo desejo do outro — o analista. Lacan, aliás, observou isso uma vez, dizendo que não vemos por que, no final, o analisado não teria seu narcisismo. Em suma, que se desconheça o narcisismo do sujeito, que se possa continuar a dizer depois de tudo isso, ou dar a entender que uma análise, de uma forma ou de outra, deveria promover um para além da aspiração a fazer valer seu próprio ser, definição mais ampla que mantenho para o narcisismo, procede de uma impressionante denegação coletiva, sem dúvida um sinal dessa recusa de saber que Lacan diagnosticou junto ao analistas depois de 1970[8].

Quando Lacan, continuando a avançar, evocou "a identificação com o sintoma", e aqui não se trata apenas de desejo, mas de gozo, acrescentando, além disso, que é isso antes curto, quando ele falou das *unaridades* desparelhadas, houve aí não diria um despertar, mas ao menos uma preocupação entre os analistas lacanianos, especificamente quanto à ordem social e às relações com os outros. Com efeito, esse passo introduz uma radicalização.

Com o desejo pode-se minimizar a ameaça que o narcisismo do desejo faz pesar sobre o laço social, pois o desejo, sendo desejo do outro, esse narcisismo do desejo não era tão associal assim, não presidia a um fora discurso. Com o narcisismo do gozo, que consiste em não ceder à afirmação

---

[8]LACAN, J. (1973) Introdução à edição alemã dos *Escritos*. In: *Outros escritos*. Tradução de Vera Ribeiro. Rio de Janeiro: Jorge Zahar Editor, 2003.

de sua modalidade de gozo e em se identificar com ela, em outras palavras, não ceder à preferência que cada um leva consigo, pois bem, as coisas mudam, porque o gozo, contrariamente ao desejo, não é determinado pelo discurso do Outro, mas pelos acidentes da conjunção entre *alíngua* e o corpo, ele não demanda nem apela ao Outro. Pessoalmente, já insisti bastante nesse ponto, e além disso, uma questão: e quanto ao poder analítico da palavra de verdade, sempre a meio-dita [*mi-dite*] sobre as *fixões* de gozo? E quanto aos sujeitos produzidos pela análise que chega ao fim? Não poderiam esses sujeitos, identificados com o seu gozo, serem sobre-narcisos [*sur-narcisses*], desta vez tão autossuficientes quanto o Narciso do mito antes de ele ter encontrado sua imagem? E quanto a seu vínculo social, já que o gozo não é vinculante? Isso seria esquecer que a autossuficiência é impossível para quem fala como tal, isso é verdade até para o narcisismo expandido. O homem "s'umaniza" diz Lacan, trata-se de um neologismo que diz que, para ser homem, não basta nascer homem, é preciso se esforçar. O homem, com efeito, é o único animal que tem paixão por ser homem. Ora, não há como "s'umanizar" sozinho. Foi o que comecei a dizer em nosso Encontro Internacional em Medellín[9]. O gozo decerto procede do "há do Um" [*y a de l'Un*], mas para aquele que s'umaniza é preciso uma corte, tal como o próprio Rei Sol. O *m'as-tu vu* [aparecido] dá a ver, esse é o paradigma do laço internarcísico, mas há outras formas – Joyce, como se sabe, é mais um *m'as-tu*

---

[9]Nota do tradutor: Referência ao Encontro Internacional da IF-EPFCL *Enlaces e desenlaces segundo a clínica psicanalítica*, ocorrido em Medellín, Colômbia, nos dias 14, 15 e 16 de julho de 2016.

lu ["aparelido"]. Como, portanto, deve ser estudado em cada caso, para as pequenas vidas minúsculas, que também têm seus escabelos, assim como para as mais proeminentes. Tudo isso para dizer que a questão dos laços sociais além do declínio dos discursos hierarquizantes está aberta. Esse é o primeiro ponto. Essa revisão supõe que se deixe de opor pulsões e narcisismo, como geralmente se faz, em nome do fato de que as pulsões buscam algo do lado do outro, sem maiúsculas, ao passo que o narcisismo não sairia de seu perímetro imaginário. As pulsões, se estão me acompanhando, devem ser incluídas nesse narcisismo expandido assim como elas estão, aliás, no amor em geral e em todas as relações de objeto. "Em você, mais que você", dizia o fim do seminário 11, bem, com o narcisismo expandido, é preciso acrescentar "em mim, mais que eu". Em outras palavras, trata-se de um narcisismo que tem que contar com o objeto *a*, o invisível como eu o chamo, que falta a todo gozo e que é a causa de todos os dinamismos. A imagem é primeira, mas para o falante ela é casula, envelope do objeto subtraído, e se aplica à imagem de si mesmo assim como à do outro. Vou, portanto, deter-me neste outro narcisismo, que inclui o desejo e as pulsões.

O narcisismo do escabelo

Freud batizou a fertilidade desse outro narcisismo com o termo "sublimação". Esse é o mérito que Freud havia atribuído à sublimação: um destino da pulsão que não visa o objetivo sexual e que satisfaz no laço. Em um primeiro momento, em *A ética da psicanálise*, Lacan renega essa tese, menciono com frequência, afirmando, na época, que a sublimação nada mais é do que o deslocamento da pulsão, dizendo que pedaços de papel sujo no fundo de

um bolso são sublimação, ou melhor dito, da pulsão anal. Essa observação, vista a partir do final de seu ensino, parece já próxima do rebaixamento que ele opera, citando com frequência o jogo entre a *letter*, a letra, e a *litter*, o dejeto, e o qual o fim da conferência "Joyce o sintoma II" retoma, uma vez que Lacan evoca, ao falar da literatura, cito, "o papel higiênico em que as letras se destacam"[10]. Tese sobre a qual falamos pouco hoje em nossa Escola, em que, no entanto, se fala muito da literatura e com entusiasmo. Ela precisaria, contudo, ser elucidada. Lacan desdobrou neste seminário sua concepção da sublimação entre dois termos, a coisa vinda do *Das Ding* de Freud e o objeto. A coisa é "o real na medida em que ele padece do significante", o real furado, portanto. "A coisa [é] definida por isso que define o humano" e "é-nos impossível imaginarmo-la"[11]. A coisa é o sujeito real, que fez a sua entrada no real, a coisa, isso quer, mas não se sabe o que, "círculo queimado na mata das pulsões", escreveu Lacan em "Nota sobre o relatório de Daniel Lagache"[12]. É o $
barrado pulsional, na medida em que ele não pode ser representado, mas ele só pode ser representado, e se for, por um objeto criado; será o vaso que se constrói ao redor de um vazio, que é criado como um significante *ex nihilo*. As primeiras obras que restam das civilizações perdidas

---

[10]LACAN, J. (1975) Joyce, o sintoma. In: *Outros escritos*. Tradução de Vera Ribeiro. Rio de Janeiro: Jorge Zahar Editor, 2003, p. 566.
[11]LACAN, J. (1959-1960) *O seminário, livro 7: A ética da psicanálise*. Tradução de Antônio Quinet. Rio de Janeiro: Jorge Zahar Editor, 1986, p. 152, aula de 27 de janeiro de 1960.
[12]LACAN J. (1960) Observação sobre o relatório de Daniel Lagache. In: *Escritos*. Tradução de Vera Ribeiro. Rio de Janeiro: Jorge Zahar Editor, 1998, p. 673.

são exemplares com relação a isso. "O vaso é [...] um objeto feito para representar a existência do vazio no centro do real, que se chama a Coisa"[13]. Não estávamos tão longe do "vazio mediano" de François Cheng.

Lembro a vocês a fórmula geral da sublimação neste seminário, ela "eleva o objeto [...] à dignidade da coisa"[14]. O objeto aqui é o objeto do desejo em suas coordenadas fenomenológicas, isso pode ser a dama do amor cortês, a mãe, mas também os pedaços de papel sujo de que falava; todos respondem a uma pulsão.

DISCUSSÃO

Lucile Cognard: Esta é uma questão relacionada a seu livro, Lacan, leitor de Joyce, *que ajuda a esclarecer certos aspectos clínicos. Você diz que em Joyce não faltam pulsões. Como a senhora as identifica?*

C.S.: A pulsão é aquilo que impulsiona incoercivelmente, é aquilo que não se pode parar. A demanda é um vetor que busca algo, que é suspensa pela resposta. A pulsão não é suspensa pela resposta, as pulsões não demandam, mesmo que elas sejam geradas a partir da demanda. Há uma dificuldade, talvez, porque Lacan, em seu grafo do desejo, escreve a estrutura das pulsões no lugar da demanda, mas a atividade pulsional não demanda, o *voyeur* não pedirá a permissão para a mulher que mija que ele espia pelo buraco da fechadura.

---

[13]LACAN, J. (1959-1960) *O seminário, livro 7: A ética da psicanálise*. Tradução de Antônio Quinet. Rio de Janeiro: Jorge Zahar Editor, 1986, p. 148, aula de 27 de janeiro de 1960.
[14]*Ibid.*, p. 133.

Em Joyce, seria preciso tomar isso passo a passo, mas é certo que pulsões não faltam. Sua determinação precoce e que nada parou é um sinal certo disso.

Evangelina Planas: Pensei na história do "Rei Nu". Um costureiro vai convencer o rei da beleza de uma peça de vestuário que ele lhe apresenta e que na verdade não é nada, mas o costureiro consegue convencer o rei, por meio da fala. Qual é a relação entre fala e imagem?

C.S.: A fala, por definição, pode espelhar algo que não existe. Na experiência do amor, por exemplo, com belas palavras, convoca-se o agalma, e no dia em que o agalma cai, o sujeito se encontra nu e às vezes diz: "Não sou mais nada". Queda narcísica.

Vincent Zumstein: Se entendi bem, a sublimação é uma dimensão ilusória. Ao mesmo tempo, vemos nos analisantes em fim de análise o quanto a sublimação é forte, ainda mais mais com as evoluções da sociedade, da civilização.

C.S.: Não disse que a sublimação é uma dimensão ilusória. É realmente produtiva: colocar objetos no vazio da coisa tem uma dimensão produtiva na civilização, e para os indivíduos em particular, mesmo quando não está no nível das grandes obras. O que desenvolvo seguindo Lacan é que, com a noção de escabelo, ele unifica narcisismo e sublimação para dizer não que a sublimação é ilusória, mas que ela é uma forma do narcisismo no segundo grau, e isso está longe de ser ilusório.

Entendendo-se aí que a sublimação não se reduz, como em Freud, às sublimações que produzem as obras de cultura. A sublimação está em funcionamento em todo sujeito cada vez que houver deslocamento da pulsão para novos objetos. Donde a afirmação de Lacan de que a sublimação são pedaços de papéis sujos cuidadosamente guardados no fundo de um bolso. Vemos a diferença com relação a Freud, que a reservava aos grandes criadores, aos grandes agentes de produção da civilização.

Naïs Bastide: Na aula anterior, a senhora questionou a autonomia do visível em relação ao simbólico ou a sua subordinação. A senhora falava do estádio do espelho e do fato de que, na diacronia, isso acontece antes de que a criança fale, e ainda assim há uma falta, uma vez que ela ama sua imagem, ela vai na direção de sua imagem no espelho. Mas isso não sem um olhar, o olhar do Outro. Como ajustar isso com o imaginário autônomo do nó borromeano?

C.S.: É certo que com a ideia das três dimensões — imaginário, simbólico e real —, distintas e autônomas, a fase do espelho — Lacan prefere fase a estádio — será colocada na gênese do imaginário.

Quanto a uma eventual equivalência entre o visível e o som, ainda não decidi, continuo me perguntando.

NB: Como reler o estádio do espelho com os nós borromeanos?

C.S.: Com o nó borromeano, é preciso reler as três consistências. O que Lacan chama de *simbólico* no nó borromeano será que é o simbólico da questão preliminar? Certamente não. O simbolismo do nó borromeano deve ser repensado, assim como o imaginário e o real. Resta que o estádio do espelho é o núcleo do imaginário, e talvez seja essa uma das razões pelas quais Lacan, no final, volte a se perguntar: "Por que ele está tão enfatuado de sua imagem?"

Filippo Dellanoce: Não entendi muito bem a ligação que você fez a partir do seminário 7, A ética, *passando pelo seminário 11,* Quatro conceitos, *no que diz respeito ao desejo e ao narcisismo e se dirigia para a questão do fim da análise como a relação entre narcisismo e desejo.*

C.S.: A partir do momento em que Lacan postula que há um narcisismo do desejo, não podemos dizer que o fim da análise, que leva a um desejo decidido sobre o qual não cedemos, seja um fim por meio da queda do narcisismo. É um fim pela consolidação do narcisismo do desejo, que não é o da imagem. Em seguida, pode-se pensar que o narcisismo do desejo vale mais que o da imagem, é claro, mas não precisamos recuar diante da palavra de narcisismo. O narcisismo do desejo significa afirmação de seu desejo. O final da análise conduz a isso diretamente. É por isso que às vezes constatamos que os sujeitos neuróticos, por exemplo, que atravessaram uma vida com muita inibição, que não ousavam, que não tinham sucesso, você os encontra às vezes tão decididos que não os reconhece mais. Pode-se ver mudanças clínicas no nível da afirmação do desejo, que é, ao mesmo tempo, uma afirmação narcísica, se o narcisismo for justamente a afirmação de si mesmo.

Marjolaine Hatzfeld: Essa fórmula, "narcisismo do desejo", vem do texto de 1958 sobre a sexualidade feminina? É possível especificar novamente neste contexto como esse conceito aparece? Trata-se, se entendi bem, de um tipo de mulher...

C.S.: Isso está em um comentário sobre a mulher frígida e sua identificação com o "padrão [*étalon*] fálico". Sobre esse assunto, ele diz que não é de surpreender que o narcisismo do desejo recaia sobre o narcisismo do ego. O narcisismo do desejo (em que há identificação com a falta do Outro) recai sobre a identificação de uma imagem do ego.

Marie Selin: Por que Lacan passa pela sexualidade feminina para falar do narcisismo do desejo? Será que os psicanalistas não recuam diante do termo narcisismo porque ele está galvanizado na esfera pública com, entre outras coisas, o grande perverso narcisista, que faz com que se perceba o narcisismo como algo degradante ou doentio?

C.S.: A questão, na psicanálise, precede isso que você está mencionando aqui. Desde quando se fala do perverso narcisista? Não falamos do tempo de Freud. A questão que você coloca se encaixa em uma das evoluções das conotações do termo no discurso comum, que mudou e muda a cada época, de fato.

É verdade que Freud, com "Introdução ao narcisismo", enfatizou essa noção; de algum modo, ele a reabilitou conceitualmente. De certa forma, a psicanálise é responsável por muitas evoluções do discurso, ela difundiu o Édipo, mas também divulgou o narcisismo. Neste texto, Freud mostrou sua função na vida amorosa e ressaltou o narcisismo feminino com sua ideia da "mulher narcisista", que seria autossuficiente — algo que Lacan retoma de forma diferente.

QUATRO

11 de janeiro de 2017

Terminei com a sublimação, na qual Freud quis ver uma subversão do narcisismo de base. É, portanto, mais do que amor-próprio, é afirmação de si. Um narcisismo ativo sempre, às vezes produtor, competitivo na maior parte das vezes. Ele comporta mais do que as paixões deletérias da comparação, a saber, a eficiência às vezes positiva da emulação, que estimula, especificamente nos esportes, nas artes, na ciência também.

Os antecedentes do escabelo

Lacan, por sua vez, disse escabelo. Como frequentemente acontece com Lacan, parece novo apenas porque não assimilamos completamente o que vinha antes. Detenho-me, portanto, um instante nos antecedentes. Insisti no fato de que a partir de "De uma questão preliminar a todo tratamento possível da psicose", e até mesmo antes, digamos, a partir do seminário sobre a psicose, Lacan inclui no imaginário todo o campo do significado, significação do falo (*Beideutung*), significação de falta, e "significação absoluta" da fantasia, significação do gozo. Com o significante falo, pelo qual a criança "se identifica [...] com seu ser de vivente"[1], diz Lacan, antes de se identificar com seu sexo, como recordei no último encontro, era bastante certo que a afirmação de si, que basicamente define o narcisismo, não poderia ser reduzida à idolatria, à enfatuação por sua própria imagem. O que mascarou o alcance narcísico dessa significação fálica é obviamente a ideia de que, vinda do simbólico, ela era heterogênea ao registro da imagem, invisível portanto, senão pelo jogo do parecer, conforme mencionei, e que ela estava ligada com a barra que o simbólico supostamente adquiria no imaginário. Mas deve-se notar que o imaginário subordinado ao simbólico é justamente o da significação, a qual é, com efeito, um produto da combinatória significante. Ora, o imaginário não se reduz ao imaginário da significação. A imagem certamente se presta à identificação, mas, como tal, é possível dizer qual é o efeito da combinatória significante? Se assim for, ela não existiria nos animais. Não é tão óbvio, apesar de tudo o que afirmamos e apesar das perturbações do espelho no pequeno autista; é por isso que levantei o problema da eventual autonomia do registro do visível paralelamente ao daquilo que se ouve, a saber, o significante. Além disso, o estádio do espelho em si, o da fase transitivista, com essa surpreendente captação do corpo próprio pela imagem, precede, como insisti, a aparição do sujeito no real, em outras palavras, o que Lacan chamou de "a Coisa" em *A ética da psicanálise*. Essa "Coisa" antecipa, creio eu, "o sujeito do gozo", uma vez que é com essa expressão, sujeito de gozo, que, em 1966, em sua "Introdução à tradução

---

[1] LACAN, J. (1958) De uma questão preliminar a todo tratamento possível da psicose. In: *Escritos*. Tradução de Vera Ribeiro. Rio de Janeiro: Jorge Zahar Editor, 1998, p. 559.

francesa das *Memórias de Schreber*", ele pretende renovar, ou melhor, completar sua concepção de paranoia, e isso bem antes de evocar o "sujeito real", como ele faz em *RSI*. Mediante todas essas designações, é outra coisa mesmo que o sujeito inscreve no real na forma do corte, pois é o gozo que ali é interrogado, talvez aquilo que Freud colocaria na conta do registro econômico, o motor de toda atividade psíquica.

O escabelo é introduzido na conferência de abertura do S mpósio sobre Joyce, em 1975, e pressupõe, é claro, os dez a 10s de elaborações anteriores. Em primeiro lugar, a conceituação do inconsciente real, sem sujeito, efeito da *alíngua* no corpo, que introduzi em meu livro *Lacan, o inconsciente reinventado*[2]. É importante medir as consequências e a origem dessa virada. Lacan certamente avançou de forma sinuosa, sem explicitar o que animava sua busca, primeiramente impulsionando a exploração lógica dos recursos da linguagem em seus entrincheiramentos, referindo-se à lógica dos conjuntos, especialmente em *De um Outro ao outro*, depois *Ou pior*, para concluir, em 1969, com o inconsciente sem sujeito. Nessa caminhada, o que se busca é claramente a articulação entre a linguagem da qual o sujeito é suposto, de um lado, e o gozo, do outro. Para mim, não há dúvida, isso é um fato clínico maior que, aqui, suscita a elaboração, a saber, a resistência dos sintomas de gozo à operatividade analítica da fala do sujeito, e do qual Lacan por fim conclui com o inconsciente real. Ele conclui, aliás, a partir da estrutura que quer que o significante

---

[2]SOLER, C. *Lacan, o inconsciente reinventado*. Tradução de Procópio Abreu. Rio de Janeiro: Cia de Freud, 2012.

represente o sujeito para outros significantes, os quais não o representam, mas dizem respeito a ele, dado terem efeito de gozo. As consequências clínicas são determinantes, pois com esse inconsciente real desconecta o registro da verdade subjetiva, aquela que o analisando vem dizer, do registro de seu gozo de corpo, em que reina o que chamamos de sintomas, os do sexo inclusive. Quando digo desconecta, isso significa que de uma a outra, da verdade do sujeito ao seu gozo carnal, não há relação de causalidade, embora a primeira, a verdade, possa sobredeterminar a segunda. No máximo, haveria um enodamento. A partir daí, os gozos de corpo são todos... sinthomas, e até mesmo o gozo hétero sexual. Eles são determinados pelo encontro das palavras com o corpo, em função dos acidentes da história de cada um, e podemos dizer tanto "para gozar é preciso um corpo", subentendo-se aí um corpo vivo, e "você goza de seu inconsciente", ou seja, elementos da *alíngua* de que ele é feito. "Os seres sexuais se autorizam por si próprios" quer dizer que, no que diz respeito a seu gozo, inclusive o chamado gozo sexual do corpo do Outro, eles se autorizam, sem sabê-lo, por seu inconsciente real. E podem então se questionar, como no caso de Freud, por exemplo: por que preciso de um brilhante no nariz da minha parceira? Que o bilinguismo de origem daí se demonstre para a condição histórica mostra a incidência da linguagem, mas provavelmente não mudará em nada essa condição de gozo. Esse é o fim radical, em todo caso, de toda norma sexual possível do ponto de vista analítico. E uma mudança também em relação àquilo que estofa, no particular dos casos, o discurso de um analisando: nenhum semblante, e nem mesmo aquilo que a princípio se pensou como o semblante dos semblantes, o Nome-do-Pai, responde ao questionamento sobre o gozo ao qual a análise submete o sujeito analisante, mas a *fixação* de gozo singular como o núcleo inamovível do sintoma. Aliás, é isso o que escreve o discurso analítico, colocando o objeto *a* no lugar do semblante.

Eu disse fim das normas sexuais, porém, permanecem as normas sociais. Ora, no capitalismo, que é indiferente a tudo aquilo que não se vende, essas normas agora só podem se autorizar a partir das orientações da religião, e, junto a nós, da católica, com sua ideia da natureza humana, a religião que poderia justamente crescer em proporção à desnormatização do corpo e do sexual. Isso, evidentemente, está em andamento.

Agora entendo por que Lacan se apropriou do nó borromeano. É que, a despeito de uma causalidade do simbólico sobre o imaginário e o real como princípio de regulação, o nó borromeano introduz outro princípio de conexão dos três registros, o enodamento possível. Ora, quaisquer que sejam suas variações, e elas são múltiplas, o enodamento sempre implica um princípio de limitação recíproca entre as três dimensões enodadas, e o gozo que elas comportam, gozo-sentido [*joui-sens*], gozo fálico, gozo opaco. É uma limitação que não vem de nenhuma norma, e tampouco apenas do efeito negativante da linguagem, no entanto, inscrito no cerne do nó, mas que estabelece uma espécie de equilíbrio entre os diversos gozos, poupando o sujeito de dois obstáculos possíveis: de um lado, o risco de ser tudo no irrealismo da mentalidade e do sentido flutuante, de outro, de ser tudo no hiper-real do gozo opaco de seu sintoma. O escabelo vem depois dessas elaborações e não pode ser entendido sem elas.

Um narcisismo genérico

O escabelo redefine o narcisismo, é o instrumento de um narcisismo ativo, combatente e produtor; é, portanto, como disse, mais do que amor-próprio, é afirmação de si, eventualmente por intermédio da oferta à civilização. Dito mais no nível da experiência, o escabelo é aquilo com que cada um tenta colocar em evidência para seduzir o olhar do outro. Que a imagem seja o primeiro veículo dessa identificação narcísica indica, para o humano, uma prevalência do visível, mas também abre a questão dos possíveis instrumentos do escabelo. Além da imagem ajeitada de que falava, também são todas as performances excepcionais em todos os campos da cultura, a começar pela agricultura, mas também a ciência, os jogos esportivos e, claro, a arte. Eminente demonstração por Joyce, mas se ele é uma exceção, não é porque conseguiu fazer um escabelo para si, mas pela maneira de fazê-lo, cf. meu livro *Lacan, leitor de Joyce*[3]. Lacan introduz, aliás, o termo a esse respeito na primeira conferência sobre "Joyce, o Sintoma", dizendo que *Finnegans Wake* é a obra, cito, "para a qual, em suma, Joyce reservou a função de escabelo. Porque, desde o começo, ele quis ser alguém cujo nome, muito precisamente o nome, sobrevivesse como nunca"[4]. Essa frase distingue a vontade de realização presente em Joyce desde o início, o instrumento da visada narcísica, aqui, a obra final. Bem claro está que,

---

[3]SOLER, C. *Lacan, leitor de Joyce*. Tradução de Cícero Oliveira. São Paulo: Aller Editora, 2018.
[4]LACAN, J. (1975-1976) *O seminário, livro 23: o sinthoma*. Tradução de Sérgio Laia. Rio de Janeiro: Jorge Zahar Editor, 2007, p. 161.

com este narcisismo do nome, estamos longe dos problemas do espelho unicamente e que, neste caso, o olho do outro de que Narciso precisa, o aparecido [*m'as-tu vu*], é, no horizonte, o da posteridade. Tive a oportunidade de mostrar o papel que essa presença da posteridade desempenhou para Jean-Jacques Rousseau quando, no final de sua vida, o delírio o consumiu, ele, de quem uma das primeiras obras foi uma comédia juvenil, *Narciso, ou o amante de si mesmo,* publicada tardiamente em 1752.

O escabelo é o nome de um narcisismo genérico que é característico do "falasser" [*parlêtre*], daquele que tem um inconsciente que fala, portanto, e ele "é primeiro", segundo Lacan, como já mencionei. Duas questões surgem a partir daí: por que o inconsciente que fala, falasser, implica essa dimensão do escabelo e do escabelo como "primeiro", ou seja, condicionando tudo aquilo que procede do humano, seres humanos, os *trumains*, como Lacan os designa[5]?

Os equívocos e o que eles mostram

No início da conferência "Joyce, o Sintoma", ele se concentra nessas questões, de forma difícil de decifrar, mas, no entanto, muito precisa. Lacan começa ali com uma série de equívocos significantes — *je nomme* [eu nomeio], *jeune homme* [jovem homem] — e neologismos gráficos — *escabeau* [escabelo], *hessecabeau* [hescabelo], *phonétique* [fonética], *faunétique* [faunético] etc. Não são facécias, esses jogos ortográficos são feitos não para demonstrar, não estamos mais no registro da lógica, mas para mostrar. E o

---

[5]LACAN, J. (1977-1978) *Le séminaire: le moment de conclure.* Inédito, aula de 17 de janeiro de 1978.

que isso mostra, senão que o inconsciente, na medida em que ele fala, é sempre equívoco. Com efeito, se ele fala, sua articulação passa primeiro pelo sonoro, a saber, por aquilo que as orelhas ouvem. Ora, o próprio do sonoro é ser equívoco. Equívoco quer dizer que, no sonoro, não se sabe o que é o elemento unidade; há um problema para identificar os Uns do significante no sonoro, e Lacan disse e repetiu, isso pode ir do fonema, sempre fora de sentido em nossas línguas, à palavra, à locução proverbial, até mesmo a todo discurso. Aí se introduz a função da escrita no sentido da grafia; é a letra gráfica que decide o sentido a ser dado ao som, como mostram as diversas formas de escrever a palavra *escabeau* [escabelo] e todas as outras dessa primeira página da conferência. É por isso que é possível dizer também que só há *lapsus calami*[6]. Tomemos o exemplo do escabelo. Mesmo se não falar francês, você ouve três sons, três fonemas. Esses fonemas são os uns diferenciais da *alíngua*, mas não são significantes no sentido próprio, pois, em nossas línguas, o significante tem sentido, ao passo que o fonema, por sua vez, não tem sentido. "Televisão" precisa isso, a *alíngua* dá apenas a cifra do sentido, isto é, os 1 que não adquirem o status de significante, veiculando sentido somente por meio do uso. Você não saberá o que esses três sons significam, a menos que escreva; então, de acordo com a escrita, o sentido se declinará, os três fonemas que se tornam significantes poderão designar o pequeno instrumento doméstico ou conter, por exemplo, uma questão — *est-ce cas beau* [é esse caso belo]? Ou, ainda escrito diferentemente por

---

[6] Nota do tradutor: Termo jurídico. Literalmente "lapso (erro/engano) da caneta", isto é, erro que escapou na escrita.

Lacan, *hessecabeau* [hessecabelo]; o *h* é uma letra muda, que não se ouve, mas que evoca o *h* de *homem*, que também não se ouve, ao passo que o *es, e, s*, escrito *esse*, evoca o verbo *être* [ser] e também a questão "*est-ce?*" [É isso?]. Ou ainda *SKbeau*, com duas maiúsculas alfabéticas, como Lacan faz na página seguinte. Essa escrita, com estas duas letras maiúsculas, também mostra a independência, quiçá a arbitrariedade da grafia com relação ao sonoro, razão pela qual a grafia precisa ser aprendida. Exemplo dado no "Posfácio ao *Seminário 11*", a letra *g* será *j* em *girafa*, mas *gu* em *gorila*[7]. O que se mostra nessa página, em todo caso, é que a escrita é aquilo que nos permite identificar os significantes portadores do sentido, no *continuum* do ouvido. Um exemplo importante bem conhecido das duas escritas é "*les noms du Père*" [os nomes do Pai] ou "*les non-dupes errent*" [os não tolos erram], que mudam o sentido de acordo com o que, de ouvido, a grafia extrai — "pai" [*père*] ou o "tolo" [*dupe*]. Desse modo, ela permite reduzir a equivocidade, em outras palavras, permite garantir a passagem da *alíngua* para uma linguagem com sua semântica.

Parêntese: certo é que não há apenas a grafia, já que há analfabetos, na primeira fila dos quais as crianças menores, para quem, manifestamente, o sentido [*le sens*], ou melhor, algo do sentido [*du sens*] se fixa de forma diferente, uma vez que elas não têm acesso à letra alfabética, mas têm, contudo, acesso a uma certa semântica. Refiro-me à conferência "O sintoma", de 1975, que precede o texto sobre Joyce que estou comentando e em que Lacan evoca

---

[7]LACAN, J. (1973) Posfácio ao *Seminário 11*. In: *Outros escritos*. Tradução de Vera Ribeiro. Rio de Janeiro: Jorge Zahar Editor, 2003, p. 504.

o banho sonoro que acolhe a criança ao nascer. Aprendemos a repetir que é a partir do banho sonoro que é a *alíngua* dos pais que alguns elementos dessa *alíngua* se distinguem, se isolam e se privilegiam para a criança. Uns sonoros, portanto. Ora, Lacan nos diz que, por esse banho, algo é transmitido para a criança e não se trata de qualquer coisa, é algo que diz respeito a ela própria, à maneira como seus pais a acolheram, em outras palavras, o desejo dos pais para com ela, como se o sentido, o do desejo do Outro, e para além de seu gozo-sentido [*jouis-sens*], precedia a aquisição da linguagem propriamente dita pela criança, como se o falar do Outro já lhe insuflasse a diz-mensão [*dit-mension*] do sentido. É preciso supor isso, se quisermos dar conta daquilo que a experiência atesta, a saber, a marca precoce e indelével que esse desejo deixa na criança. Quanto ao peso que os primeiros elementos que sobrenadaram da língua do Outro guardam para ele, de onde ele vem? Não somente do falar do Outro, mas do gozo do próprio corpo que se engancha nesses elementos originários, tardiamente diz Lacan, ou seja, no momento da emergência do gozo fálico, e eles vão definir a singularidade do inconsciente-*alíngua* próprio de cada um. Com a aprendizagem da escrita, trata-se em seguida, para a criança, da aprendizagem de uma outra semântica, a semântica comum que somente a orto-grafia (com um hífen) pode consertar, e é de fato uma operação de desmaternalização[8] de sua *alíngua* singular, que, por sua vez, não tem orto-grafo. Essa operação garante a passagem do sentido singular para o sentido comum, razão pela qual, sem

[8] *Ibid.*

dúvida, imaginou-se algo que, vocês já devem ter ouvido falar, seis anos é a idade da razão. Sim, a idade em que entramos no sentido comum, o bom senso do qual Lacan sempre tirou sarro, pois quem lida com o inconsciente não encontra nunca o sentido comum, mas sempre aquele bem peculiar de cada inconsciente.

Lembro essas teses prévias à conferência sobre Joyce apenas para indicar que aquilo que se mostra por meio dos jogos gráficos dessa primeira página, o que se mostra da relação entre o sonoro das unidades fonemáticas fora de sentido e as unidades semânticas dos significantes, não é novo sob a pena de Lacan. Concluo que, nessa página, não é ali que se deve procurar a visada. Na verdade, ele procura demonstrar outra coisa, além do mostrar.

O conceito do escabelo

Então, o que esse escabelo nos traz? Observo que, na escrita *SK beau* [SK belo], um equívoco gráfico está faltando, aquele com que ele brincaria na escrita do som "bonito", que poderia ser escrito simplesmente com duas letras alfabéticas[9]. Aprendemos na escola *b-a-ba,* então *b-o-bo* era possível, e ainda mais porque o encontramos no nó borromeano – *b, o...* Essa omissão indica, sem qualquer dúvida a meu ver, que Lacan quis guardar a referência do lado escópico que comporta a *escrita b-e-a-u, beau* [bonito], e fazer assim alusão à força do espelho, do qual ele havia partido vinte anos antes, essa forma que o

---

[9]Nota do tradutor: Em francês, o som [o], correspondente à primeira letra da palavra "olho", por exemplo, pode ser representado em francês por diversas formas: "o", "au", "eau", "-ot", "-od", entre outras.

homem adora. O que se mostra, no fundo, é que o homem é duplamente formado pela *alíngua* e pela imagem, o que a variante gráfica entre fonética e faunética escreve muito bem. O que confirma essa leitura é que, ao colocar os pingos nos "i", Lacan explicita e escreve na mesma página *hissecroibeau* [helessecrêbelo] com o *h* de *homem,* em que se pode ouvir ressoar sem equívoco o narcisismo da imagem com esse *"y se croit beau"* [ele se crê belo]. Eis uma fórmula que recupera, estamos em 1975, o amor pela imagem do corpo, introduzida em 1936 com o estádio do espelho, mas que acrescenta aí algo mais com a escrita *hissecroibeau, h, i,* dois *s, e* —; Lacan injeta para um ouvido francês o verbo *"hisser"* [içar, erguer]. Geralmente, ele é empregado na forma pronominal, *se hisser.* "*Oh hisse*", diz-se em francês para significar o esforço necessário para erguer um peso, aqui para içar, elevar sua imagem ou seu nome em alguns graus. Também vemos que a grafia que fixa o sentido também permite fazê-lo proliferar, pois o verbo *hisser* faz a passagem do *"se croire beau"* [se crer belo] para o *"se faire... beau"* [se fazer bonito]. É possível dizer melhor a face laboriosa do narcisismo, que, longe de apenas se contemplar, deve se esforçar para não se contentar com o dado das imagens, mas se fazer produtor de seu próprio valor. Alguém disse que "ser descontente é ser homem"[10]! E coube a Lacan forjar um novo verbo, neológico, "*se loméliser*" [sumanizar]. Cito: "UOM [*LOM*] (com três letras) seumaniza à larga"[11]. À larga [*à qui mieux*

---

[10]Nota do tradutor: PESSOA, F. (1934) O quinto império. In: *Mensagem*. Lisboa: Ática, 1972, p. 82.
[11]LACAN J. (1975). Joyce, o Sintoma. In: *Outros escritos*. Tradução de Vera Ribeiro. Rio de Janeiro: Jorge Zahar Editor, 2003, p. 560. [No restante do texto, as citações não referenciadas aludem a este artigo.]

mieux] é um idiomatismo do francês para dizer a competição no cotidiano; quanto a *se loméliser* [sumanizar], que não existe em francês, ele diz que o homem, para ser homem, deve "fazer-se" homem. Há muito tempo Lacan havia evocado a paixão de ser um homem.

Por quê? De fato, não se tem conhecimento de que no reino animal haja algum equivalente, e que para ser um tigre, por exemplo, seja necessário "se trigrizar", ou para o leão, "se leonizar", e para a onça, "se onçarizar". Extraio, portanto, do texto a resposta à minha primeira questão, a saber, por que o escabelo narcísico é o próprio do UOM? Bem, o UOM tem que sumanizar porque ele fala, ou porque "isso fala" com seu corpo. Para aquele que fala, é preciso um escabelo. Cito a continuação: "O escabelo é aquilo que é condicionado pelo fato de que ele vive do ser (= esvazia o ser)". Eis de volta um tema bem conhecido desde o início, uma constante no ensino de Lacan, é a fala que introduz a questão do ser, quero dizer que introduz o ser como uma questão, em outras palavras, é a fala que impede o homem de somente estar lá, jogado na vida como todos os animais. O que é viver do ser e quem vive do ser senão o chamado sujeito para quem o ser é uma questão, "Que sou eu nisso?"[12], porque precisamente ele é falta a ser? Esta questão ressoa no interrogativo de "*est-ce*"[13] de *esca-beau*. É com o mesmo movimento que a fala introduz a questão do ser e que ela esburaca

---

[12]LACAN, J. (1958) De uma questão preliminar a todo tratamento possível da psicose. In: *Escritos*. Tradução de Vera Ribeiro. Rio de Janeiro: Zahar, 1998, p. 555.
[13]Nota do tradutor: Em francês, o interrogativo *est-ce que* indica que se está fazendo uma pergunta, mais ou menos como a expressão "será que", no português.

[*creuse*] o ser com uma falta, daí a escrita que Lacan utiliza, brincando com o equívoco entre *vivre* [viver] e *vider* [esvaziar]: *il vit* [ele vive], verbo *vivre*, do ser, e *il vide* [ele esvazia], verbo *vider*, o ser. É esse efeito da fala que condiciona a necessidade do escabelo como um instrumento para se assegurar de seu ser, ou melhor, para se fazer ser. Mas como? Completo a citação que havia truncado: "O escabelo é aquilo que é condicionado pelo fato de que ele vive do ser (= esvazia o ser) enquanto tem... seu corpo: só o tem, aliás, a partir disso". O corpo evocado pelo *beau* [belo] em *escabeau* [escabelo], conforme mostrei, o corpo que ele tem se junta à questão do ser do sujeito. Lacan, ao denunciar na mesma página a "baderna epistêmica" que se confunde entre o ser e o ter e que, à pergunta "o que sou eu?", responde: eu sou o corpo que tenho. Com esse escabelo, Lacan condensa o que distinguiu primeiramente e opôs, o espelho e o ser do sujeito. O escabelo é, portanto, o próprio do homem, não uma característica de somente alguns, ele começa com o espelho e vai além, até a promoção do nome. O escabelo para todos é, portanto, um narcisismo não apenas transformado, mas generalizado.

DISCUSSÃO

Claire Garson: Há uma distinção entre "quem sou eu" e "o que sou eu"? Será que o "o que eu sou?" não remete à questão da identidade?

> C.S.: Será que não são duas fórmulas que questionam a identidade? Só que, na verdade, haja vista o uso da língua, quando se diz *quem*, pensa-se mais em sujeito e quando se diz *o que*, pensa-se mais em objeto. Em "Subversão do sujeito e dialética do desejo", com o grafo,

Lacan não diz "quem sou eu?", mas "*Che vuoi?*". Essa é uma questão sobre o ser do sujeito, em seguida, "o que sou nisso, então?", ali onde há no grafo o grito do gozo. Essas são todas questões sobre a identidade. Insisti nisso, e não sei o que impediu de reconhecer que as questões sobre o ser do sujeito ou do gozo são questões sobre a identidade. Lembro-me de ter proposto como tema para as jornadas da Escola algo sobre a identidade. Colegas ficaram chocados, até indignados, pois diziam que Lacan nunca falou de identidade. Sim, todos os seus primeiros desenvolvimentos são questões sobre o ser e as questões sobre o ser são questões de identidade.

E o escabelo é o instrumento para fazer uma identidade para si. A identidade vem de longe nos textos de Lacan. Vou desenvolver isso um pouco mais tarde, mas quando ele fala da separação no seminário 11, a separação consiste em se fazer um estado civil, diz ele. Um estado civil quer dizer uma identidade identificável na comunidade, e isso supõe um grupo social, uma inscrição nos registros de uma comunidade. Se isso não for visar uma identidade, o que é, então?

O estádio do espelho assenta um primeiro núcleo identitário por identificação imaginária, e em seguida há toda uma outra série de identificações. A questão toda é saber se há identidade que não passe pelas identificações. Certamente há. Quando Lacan diz "identificar-se com seu sintoma", com a opacidade de seu sintoma, isso é identidade sem identificação, identidade de separação.

Lucile Cognard: Há essa frase de Lacan que diz "o imaginário é o corpo", e de forma um pouco simplificada, invertendo: o corpo é o imaginário. Hoje, a senhora utilizou o termo "corpo" várias vezes, e tenho a impressão de que isso está bem além do corpo imaginário, que é o corpo vivo, gozante. Como esclarecer essa diferença, pensar a diferença? Existem dois tipos de corpo?

> *C.S.:* Você tem razão de lembrar isso. Lacan começou com o estádio do espelho, e chegamos ao nó borromeano, mas ele reafirma, e o tempo todo, que o corpo é o imaginário e o imaginário é o corpo, que é ainda mais forte. E encontramos ecos disso até no último seminário, quando Lacan diz: o corpo é um cano [*trique*], uma espécie de cilindro com dois orifícios. A ideia do corpo imaginário, isto é, da forma do corpo, é sempre afirmada por Lacan e permanece. No entanto, quando ele diz que para gozar é preciso um corpo, não é a forma imaginária que é conclamada, embora o corpo tenha zonas erógenas. É que o corpo, na medida em que sua forma é um cano, mas não um tronco de madeira, é um ser vivo. É preciso um ser vivo para que haja gozo, em todo caso.
>
> No nó borromeano aplainado você pode perceber que há uma intercessão entre o imaginário, o corpo e o real que é o campo da vida. É daí que vem a angústia, aliás, nesses desenvolvimentos.

Cathy Barnier: Duas perguntas: o BO não foi retido como ortografia, há também outra grafia que não foi retida, a de "est-ce cabot?" [é cabotino?], de "cabotiner" [cabotinar]. E, em virtude de que o escabelo é o próprio do homem, "cabot" não se coloca no feminino. Será que no feminino não há algo que escapa ao escabelo?

C.S.: Oh! Você não conhece cabotinas? Isso existe, em grande parte, tão numerosas quanto os cabotinos! Isto posto, há uma verdadeira questão: "Homem" é masculino, mas é genérico, o que implica ambos os sexos. Portanto, há uma questão sobre a qual vou voltar sobre a clínica diferencial do narcisismo, do escabelo, de acordo com os sexos. É certo que devemos questionar essa clínica diferencial, assim como é preciso fazer uma clínica de acordo com as estruturas clínicas.

É verdade que Lacan não jogou com esse "*est-ce cabot?*", que eu havia introduzido há tempos atrás. Podemos escrevê-lo "*cas beau*" [caso belo]. O caso belo é aquele que se vangloria, que se faz belo para o olho do outro. Ele não jogou com isso, permaneceu sóbrio, mas com "*hisse croit beau*", mantendo a ortografia de *beau*, a conexão com o estádio do espelho está assegurada.

Cathy Barnier: Minha segunda pergunta: sobre estruturas clínicas, quando Lacan observa a dificuldade em isolar os Uns do inconsciente pelo fato de que isso vai do fonema para toda a frase, para todo discurso, me perguntava se isso não é uma indicação de estrutura. Quando é todo o discurso, justamente, será que isso não é uma indicação do lado da psicose, e quando há apenas fonemas isolados...

C.S.: Diria, antes, que quando é todo o discurso, é que há ponto de estofo. Os fonemas são a dispersão dos Uns.

Daphne Tamarin [tradução por C.S.J.]: A escrita gráfica é vista, quando se lê, se vê aquilo que é traçado sobre a folha. Isso pleiteia a autonomia do visual?

C.S.: Concordo naturalmente que a escrita supõe o visível, embora haja a escrita dos cegos, que é uma escrita tátil. Além disso, aprende-se também o gestual da escrita, em que a grafia não se reduz ao registro do visível, além de que há a linguagem dos sinais, e há o braile. Portanto, há grafias não visuais, com certeza, mesmo que a dimensão principal da grafia é que isso se mostra com os olhos, é algo traçado quando são sinais chineses. No entanto, isso não pleitearia uma autonomia do visual.

D. T. [tradução por C.S.J.]: Diz-se "o que sou eu" e responde-se "eu sou aquilo que tenho, eu sou o meu corpo", mas há uma tradição em que cada um é o seu corpo.

C.S.: A identificação do ser com o ter [*avoir*] é maior na experiência, e lá encontraremos uma diferença de acordo com os sexos, isso é certo, quando chegarmos aos escabelos masculino e feminino. Veja como é possível "se fazer um estado civil": há muitos "estados civis" que se assentam nos bens [*avoirs*] dos indivíduos. Nessa conexão, portanto, a essa questão "o que/quem sou eu?", a resposta pode vir, resposta pelo ter, mas seria necessário reexaminar os casos dos sujeitos dos quais Lacan diz: eles não têm corpo, porque é preciso justamente para esses sujeitos, se isso existir — Lacan evocou isso para Joyce —, é realmente preciso que, para esses sujeitos, a resposta chegue de outra forma do que pelo ter do corpo.

Filipo Delanoche: Questiono-me sobre a relação entre a língua e o inconsciente. Faço uma análise em italiano com um analista francês; para os europeus, não há uma grande diferença, a gramática é quase a mesma, o vocabulário também. Ao mesmo tempo, não podemos fazer todos os equívocos em italiano, isso é impossível, muito menos em chinês, numa língua muito heterogênea. Será que podemos fazer um discurso universal do inconsciente? Isso de que estávamos falando no ano passado, o inconsciente vem para a criança com a questão do sexual...

C.S.: Sim, quando os primeiros elementos da *alíngua* se conectam ao gozo fálico. O que é certo é que muitos sujeitos se analisam em uma língua que não é a sua língua materna, e a experiência parece indicar que isso não compromete sua análise. Logo, com efeito, uma questão: se o inconsciente é feito a partir da língua materna, como isso é possível?

Não falarei sobre o chinês, do qual não sei nada, Lacan falou um pouco sobre o japonês. Fiquemos nas línguas que conhecemos, a chave para o assunto é que a *alíngua* de um sujeito, quero dizer a de seu inconsciente, não é o idioma que ele fala. "Eu falo com o meu corpo", com as palavras da língua que ganharam peso específico de gozo somente para mim, qualquer que seja a língua que eu fale. Para cada um, as palavras de sua própria língua inconsciente são palavras estranhas a qualquer um, exceto a si mesmo. Todos nós falamos uma língua estrangeira no nível do inconsciente.

É um pouco parecido com o que eu dizia quando falava sobre os dois registros de sentido, o sentido privado próprio ao indivíduo e o sentido comum, que provém da articulação do discurso comum. Não se faz análise no discurso comum, pois o inconsciente que se analisa não é a língua comum. Que o sujeito fale francês, inglês, italiano..., isso não muda fundamentalmente.

25 de janeiro de 2017

O próprio dos falantes

Como foi possível desconhecer a tal ponto na psicanálise o fato de que o narcisismo do escabelo era próprio do homem e imaginar que uma psicanálise reduzia o narcisismo? No fim das contas, é simples: chamou-se de narcisismo os escabelos unicamente da aparência ou da imagem, e de sublimação, os escabelos, diria, das obras que implicam evidentemente desejo e pulsões, pois é verdade que, do ponto de vista da socialização, nem todos os escabelos são equivalentes, há diferenças em função dos meios e do produto. Quando digo obra, não estou designando apenas as grandes obras da cultura, mas todos os tipos de esforços, de ação para se afirmar em sua diferença. Eles podem ser modestos, mas todos visam a "se fazer" ser, a dar a si mesmo, no fundo, uma identidade e, como Lacan dizia acerca da separação, a se proporcionar (era esse o seu termo) "um estado civil". Ele acrescentava: "nada na vida de ninguém desencadeia mais empenho para ser alcançado"[1]. O ser

---

[1] LACAN, J. (1960) Posição do inconsciente. In: *Escritos*. Tradução de Vera Ribeiro. Rio de Janeiro: Jorge Zahar Editor, 1998, p. 857.

humano, que poderia ser escrito em uma palavra no singular, *lêtrumain* [*serumano*], e em duas no plural, como Lacan faz em algum lugar, "*les trumains*" [*os serumanos*] se empenham incessantemente, isso é essencial para o falante. E uma observação essencial: não é para servir ao interesse geral.

Muitas questões se abrem aqui; não é preciso fazer a clínica dos escabelos, de acordo com o sexo e as estruturas clínicas? E, questão, existem figuras do antiescabelo? Aquele que teria renunciado, por princípio ou por acidente, aquele que desistisse, que renunciasse a sumanizar [*se loméliser*]. Seria preciso ver em cada caso, mas muitas vezes isso é enganoso. No início, Lacan evocava uma das figuras do desejo de morte, como "a renúncia suicida do vencido", mas acrescentava: que deixa entregue o mestre/senhor à sua desumana solidão, o que acredito que tampona imensamente a renúncia em questão e lhe acrescenta uma nota de vindita pouco duvidosa. E o que dizer do delírio melancólico: o sujeito grita bem alto que não vale nada, mas tão forte que ninguém é páreo para ele nesse aspecto. Megalomania da pequenez. Ele sumaniza por sua nulidade inegável. Isso não deve ser confundido com os afetos da falta de autoestima, como eles dizem. A falta de autoestima não deve ser confundida com a falta de narcisismo, é o contrário, especialmente entre as mulheres, que muitas vezes atestam esse afeto de insuficiência e o sentimento de incapacidade, ou até mesmo de impotência. Mas esse afeto prevalece ainda mais, isso é um fato, porque elas estão mais engajadas, ou aspiram a ser, na competição fálica, outro nome para a competição narcísica. E podemos constatar, apesar dessa obsessão com a impotência, que elas não saem, no entanto, da mesa do jogo, e até mesmo levam a melhor — embora tremendo muitas vezes, elas nos garantem. Acreditamos de bom grado nelas, mas o que podemos saber é que essas dúvidas são precisamente solidárias ao desejo fálico e não têm nada a ver, portanto, com qualquer assunção da castração do escabelo — é o contrário. É assim que uma reportagem ouvida no rádio sobre as mulheres com cargos de alta responsabilidade nos assegurava que, geralmente, elas atestam sofrer mais do que os homens com uma falta de autoestima, em contraste — admira-se — com suas reais competências e seus sucessos efetivos. Tudo isso não advoga em favor dos *"trumains"* sem escabelo. Há outra característica do escabelo, porém, tão essencial quanto sua generalidade.

O escabelo é primeiro

Não apenas o escabelo é uma necessidade, determinada pela fala, pelo inconsciente falasser, mas Lacan pretende demonstrar — é esse o seu termo, e demonstrar é mais do que mostrar — que o escabelo é "primeiro". O que isso quer dizer? E como ele demonstra isso? Primeiro na diacronia ou primeiro logicamente, no sentido de prioritário? O estádio do espelho, o escabelo pela imagem, era o primeiro cronologicamente e, paralelamente, Lacan afirmava que ele era sobredeterminado secundariamente pelo simbólico e pela falta que ele gera. Mas o conceito de escabelo desfaz essa subordinação, se vocês me acompanharam, pois no escabelo o registro do parecer, longe de se reduzir por sua conjunção com o simbólico da linguagem, se confirma e se complexifica a partir disso, a ponto de poder culminar na promoção não da imagem, mas do nome próprio. Não podemos, portanto, pensar, quando Lacan diz que o escabelo é primeiro, que ele assim o é no sentido simplesmente cronológico. Ele é primeiro no sentido de prioritário. Isso significa que a visada prioritária do humano, aquela que passa antes de qualquer outra, é o escabelo. Em outras palavras, se acreditarmos no dizer de Lacan que veio ao fim de tantos anos de psicanálise, não será necessário contar que alguns têm intenções [*visées*] mais elevadas e mais nobres, a arte, a ciência ou... a psicanálise, por exemplo, como Freud dava a entender com a sua sublimação, pois são apenas meios do primeiro *goal*. Vejamos isso precisamente como é apropriado, pois o difuso não convém aqui. Que há algo de não sabido é certo, mas o famoso furo no saber só adquire credibilidade a partir da precisão daquilo que se formula.

De todo modo, noto que Lacan aplica a si mesmo a prioridade do escabelo. Lembrando suas três "ordens" — I, S e R —, que ele substitui pela esfera de que, diz ele, geralmente, até o momento, os humanos se fizeram escabelo, e acrescenta, "digo isso para fazer uma para mim, e justamente por fazer assim decair a esfera"[2]. Ressalto o "fazer uma para mim", a expressão indica a finalidade dos avanços. É uma observação em que Lacan não esquece que o "que se diga" domina todos os ditos, uma observação, portanto, que responde à questão: "por que todo esse esforço de elaboração"? Essa é outra questão, diferente daquela que recairia sobre a validade das formulações. Está-se no registro da confissão [*aveu*] que confessa um querer, fazer um escabelo para si, para sobrelevar um pouco o próprio nome. Ele já percebeu isso em *O sinthoma*, creio eu,

---

[2]LACAN, J. (1975) Joyce, o Sintoma. In: *Outros escritos*. Tradução de Vera Ribeiro. Rio de Janeiro: Jorge Zahar Editor, 2003, p. 561.

produzir alguns nomes como I, S e R faz seu nome próprio subir de patamar. Bem, isso implica obviamente uma certa depreciação da prioridade de uma outra finalidade, a do saber, do famoso desejo de saber que existiria nas elaborações produzidas por um ensino. Insisto ainda mais hoje porque saímos dessa Jornada de Escola em Barcelona, que foi tão animada, para satisfação aparentemente da maioria dos participantes. Incluo-me entre eles e tirei muitas lições dali, uma delas sendo que, no conjunto, com algumas exceções, nós nos preocupamos em esquecer, eu diria quase que com determinação, o registro do dizer com aquilo que ele implica de contingência existencial, que, obviamente, deixa mais inseguro do que todo o saber daquilo que foi dito por Freud e Lacan sobre o psicanalista. Alguém, esqueci quem, aliás, formulou "o saber tranquiliza". De fato. Sem dúvida, porque ele se apropria ao menos parcialmente, ao passo que a contingência do dizer procede do Um irredutível, "há do Um" [*y a de l'Un*] no Um-dizer [*Un-dire*], e é esse Um que se sabe sozinho. Esse Um do dizer é sem Outro, diferentemente do "o que se diz", pois "o que se diz" supõe sempre o campo do Outro com o sujeito suposto saber. O dizer tem outros efeitos, que devem ser explorados, sem dúvida. Ele pode fascinar, atrair, como o mel atrai moscas, mas, inversamente, ele é, se acreditarmos em Lacan, aquilo que suscita o verdadeiro ódio [*haine*], aquele que não é simples *odionamoramento* [*hainamoration*][3][4],

---

[3]Nota do tradutor: Equívoco entre as palavras "ódio" [*la haine*] e "enamoramento" [*énamoration*].
[4]LACAN, J. (1975) Joyce, o Sintoma. In: *Outros escritos*. Tradução de Vera Ribeiro. Rio de Janeiro: Jorge Zahar Editor, 2003, p. 565.

ambivalência como se diz, mas ódio sem contrapartida de amor, muito mais em contato com a diferença do que com o amor.

Volto ao escabelo de Lacan. Que ele o atribua a si mesmo se confirma algumas linhas após a passagem que acabei de citar. Quando substitui por *falasser* o inconsciente nomeado por Freud, ele acrescenta, como um comentário reflexivo sobre seu dizer, sobre aquilo que ele está fazendo ao dizer: "Saia daí então, que eu quero ficar aí". Outra expressão familiar para designar a rivalidade primeira, comum, que indica que a *alíngua* sabe o que os psicanalistas negam, a saber, que o escabelo narcísico deve não apenas ser generalizado, mas que ele é a primeira finalidade. Além disso, é preciso que assim seja para que o cristianismo se esforce para nos prescrever a humildade em ato, ou seja, a renúncia à ambição competitiva, e para explicar, em uma inenarrável lógica da retribuição póstuma a essa renúncia, que... os últimos serão os primeiros. O que prova que, mesmo no paraíso, encontraremos a ordem competitiva, mas invertida!

A demonstração pelo dizer

Mas como Lacan demonstra essa prioridade do escabelo para além de atribuí-la a si? Ponto muito sutil desta página, nem um pouco fácil de extrair. Lembro suas fórmulas, seus ditos, portanto: ele observa primeiro que suas três ordens — I, S, R — fazem a esfera decair. Com efeito, ali onde o pensamento da esfera dominou, ao menos desde os gregos, Lacan produziu suas três consistências substitutivas e acrescenta que, ao fazê-lo, cito, "demonstrou que o S.K.belo vem primeiro, porque preside a produção da esfera"[5]. Eis o que indica e ilustra que há uma ordem de causalidade entre que e o quê? Entre o dizer e os ditos, entre o dizer que umaniza [*lomélise*], que faz escabelo, e o que ele produz, os ditos da esfera antes daquelas das três "ordens", I, S, R. Frutos da contingência histórica de seu dizer, eles demonstram que a esfera, para se dar ares seculares, não era, no entanto, ela também, o produto de uma contingência existencial. O que se diz da esfera e em seguida de I, S e R é segundo com relação ao dizer, ao que eu chamei de fecundidade do dizer, que visa ao escabelo. Fala-se muito em invenção, mas todas elas em nosso campo estão suspensas pelo dizer, por sua contingência existencial. Ora, o dizer, por sua vez, tem por finalidade primeira não os conceitos produzidos, mas o escabelo que faz o nome subir alguns graus.

Esse ponto pode ser relacionado com a causalidade própria do dizer de que falava recentemente na Escola. O Um-dizer, o *sinthoma*, quarto termo do nó borromeano, é constituinte do metabolismo borromeano do gozo, ele faz, portanto, identidade de gozo do sujeito do significante. Tese constante: é a *fixão* de gozo que responde à questão sobre a identidade do ser, quer a situemos, de acordo com as épocas, pelo falo, pelo objeto *a* ou pelo nó borromeano. É o *sinthoma*, como Um-dizer, que faz o escabelo identitário do ser humano. Essa performance do ato de linguagem, do dizer-ato, atesta, ademais, se alguém duvidar disso, a "coalescência", se é que posso usar esse termo aqui, entre o dizer e o gozo. O gozo próprio ao Um-dizer é o do escabelo. Essa é a demonstração que Lacan faz acerca

[5] *Ibid.*

do que ele chama de "arte-dizer" [*art-dire*][6] de Joyce: é a sua arte do Um-dizer borromeano que faz o escabelo do nome, ao passo que sua escrita é apenas seu meio. Digamos que o dizer-escabelo prevaleça sobre os chamados constituintes do escabelo (os ditos da esfera ou o dito das três diz-menções); ele os supera e lhes confere sua unidade. Muitas pequenas observações dispersas de Lacan se iluminam a partir daí. Por exemplo, quando, nos Estados Unidos, alguém o lembra que foi ele quem quis dar status científico à psicanálise, ao passo que ele parece colocá-la em questão na conferência, ele aquiesce e explica, sim, "sou como todo mundo, queria ter sucesso".

Insisto para que se entenda bem o que eu mesma demorei para entender, que é que a ênfase dada ao escabelo não é fruto simplesmente de um humor sombrio que teria conduzido Lacan, no final, a duvidar das capacidades sublimatórias da humanidade, assim como foi dito que o choque da guerra de 1914-1918 tocara tanto Freud que ele chegara à pulsão de morte. Quaisquer que sejam as subjetividades de Freud ou de Lacan — este tema é insondável —, a ênfase no escabelo está ligada e subordinada à valorização da dimensão existencial do dizer em sua diferença em relação para com os significantes dos ditos. A página de que estou falando ilustra essa distinção ao mostrar que são dois dizeres diferentes, o dizer do UOM fazendo para si um escabelo da esfera, e o dizer de Lacan fazendo para si um escabelo dos três registros que

---

[6]LACAN, J. (1975-1976) *O seminário, livro 23: o sinthoma*. Tradução de Sérgio Laia. Rio de Janeiro: Jorge Zahar Editor, 2007, p. 114, aula de 9 de março de 1976.

engendram o pensamento. Apesar disso, esta prioridade afirmada do escabelo, colocada após o imenso ensino que Lacan produziu, é bastante impressionante.

Para ser ainda mais precisa, talvez eu tivesse que me deter um pouco nesta frase, o homem "tagarela para se azafamar com a esfera que faz para si um escabelo"[7]. Novamente, a ordem causal: fala-se para, o desejo suposto ao dizer é o do gozo do escabelo. O alvo aqui é todo pensamento filosófico, o que ele chama de "baderna epistêmica" que, desde a Grécia antiga, concebeu o universo como uma esfera, e o círculo como a forma perfeita, o que abriu para problemáticas do dentro e do fora e para a ideia da psique autônoma, colocada diante dos objetos do mundo, que ela apreende por meio da percepção e do pensamento. Isso é desconhecer que é preciso uma outra topologia, tórica ou borromeana, para pensar no laço entre os falantes e os objetos do assim chamado mundo, assim como Lacan havia mostrado, desde "De uma questão preliminar", que os *percipiens,* o sujeito que percebe, era imanente à sua percepção. Um colega em Barcelona, Josep Monseny, evocou essas questões essenciais nas Jornadas Europeias da Escola de Psicanálise dos Fóruns do Campo Lacaniano neste fim de semana, mas não tenho certeza se ele se tenha feito ouvir, e é uma pena, porque essa questão atravessa todo o ensino de Lacan, e ela tem consequências práticas e chega à sua conclusão nesta conferência sobre Joyce. Digo consequências práticas, pois Lacan marcou uma em 1968, quando fala da "grande tentação do psicanalista, e que é preciso

---

[7] *Ibid.*

justamente chamá-la por seu nome: a de se tornar clínico; pois um clínico se separa daquilo que vê para adivinhar os pontos-chave e começar a tocar teclas [*pianoter*] no caso. Isso não é de forma alguma, é claro, para diminuir o alcance desse saber-fazer. Não perdemos nada aí. Só com uma condição: a de saber que você, o que há de mais verdadeiro em você, faz parte deste teclado"[8]. É a mesma recusa da tópica do dentro/fora.

Os rebotalhos voluntários

Coloquei a questão: todos os falantes têm um escabelo, grande ou pequeno? Mas vocês sabem que Lacan, por sua vez, marcou uma exceção. Ele promete ao analista a scabelostração [*scabeaustration*], a castração do escabelo, na mesma conferência, assim como para o santo. Trata-se, claro, do analista em função, do analista em ato. Mas como este último é, ainda assim, sustentado por uma pessoa, Lacan erigiu como enigma a escolha dessa profissão que supõe não promover o analista, e até mesmo prometê-lo a uma saída, ele inicialmente disse desser [*désêtre*] e depois rebotalho [*rebut*]. Daí a pergunta: como UOM-escabelo [*LOM-escabeau*] — agora coloco um hífen — pode escolher uma profissão que não contribui para o seu escabelo? Por enquanto, vou apenas dizer que ela anuncia a queda do escabelo, pois é preciso ver isso mais de perto. O engraçado nessa questão é o contraste perceptível entre o que se oferece à observação e

---

[8]LACAN, J. Discours de clôture au Congrès de Strasbourg, de 13 de outubro de 1968, publicado em *Lettres de l'École freudienne*, 1970, n. 7, p. 157-166.

essas palavras de Lacan, supondo que se escolhe essa profissão sabendo o que ela promete. Vê-se, com efeito, que, para os recém-chegados nesse campo do "tornar-se analista", mesmo quando já tinham profissão — psicólogo, psiquiatra, assistente social, professor etc. —, há muitos casos representativos, bem, para eles, se tornar analistas é sempre (não vejo exceção nos fatos) pensado e vivido como algo extra, um *plus*, não necessariamente social, mas um valor a mais. É uma mais-valia. Como explica isso, professor, você que sustentava que, uma vez passada a destituição subjetiva, supostamente se sabe a que a análise reduziu o analista, um rebotalho ao final — diz você? Vejo apenas uma resposta: eles, inocentes, não sabiam o que quer dizer que ainda eram animados pela idealização transferencial do sujeito suposto saber, esse sujeito suposto saber de que o indistinto não analisado pensa que é o escabelo do analista. Isso vai de mãos dadas, justamente, com o fato de que atualmente a maioria chega à profissão antes de ter terminado sua análise, isto é, antes de saber "a que ela reduziu seu analista". A menos que haja rebotalhos voluntários.

É preciso, então, creio eu, situar muito precisamente — em seu lugar e em seu momento — esse destino de desser, de rebotalho e de castração do escabelo. É sensível que essa tese não agrade, produza uma espécie de constrangimento. O termo "rebotalho" tem, aliás, uma conotação negativa na língua, sem dúvida. Sejamos, porém, por um momento, espinosanos neste ponto, adotemos o postulado de que, se pensarmos melhor, o afeto [*affect*] será reduzido. O rebotalho — Lacan às vezes evocou também a escória — é um resto, mas não qualquer resto, um resto que não serve mais para nada ao término de uma transformação qualquer, ou com relação a um conjunto qualquer. Um resto, digamos, fora de uso. Há restos que servem. Esse é o princípio da reciclagem e da compostagem. Poder-se-ia abrir aí desdobramentos divertidos sobre a reciclagem do analista. Sabe-se o quanto os sujeitos aspiram a servir, ouve-se às vezes as palavras de desespero daqueles de quem o sentimento de inutilidade toma conta, e, de fato, há rebotalhos do laço social, o que conota o fato de não servir para nada ali e de se encontrar à margem de sua ordem. Ora, os sujeitos aspiram ao pertencimento, a fazer parte de [*à en être*], como se diz, a despeito de se sentirem facilmente ejetados, e até mesmo rejeitados.

No entanto, pensemos melhor o assunto com relação ao analista. Pode-se dizer que o analista é rebotalho no fim, pois ele se torna algo sem uso quando cessa sua função de causa para um analisando, o qual se torna um ex-analisando. Nesse sentido, como formulei, no fim das contas, o seu ato é "sem retribuição" para ele, ele não o assegura de nenhum escabelo. Não é mais dramático do que isso, não há por que derramar lágrimas, e especialmente porque a reciclagem, isto é, o uso continuado de sua função de causa, é contemporâneo, uma vez que ele tem outros analisandos para quem ainda não perdeu sua função de analista. Digo: logo, não há por que ficar emocionado. A menos que... a menos que o analista tenha sido tão mal colocado em seu ato, tão identificado com o sujeito suposto saber, que perder sua função não seja para ele uma perda de escabelo. A menos, também, que não lhe tenha ocorrido, ao longo do tempo, algum arrependimento por ter optado pela função de analista e o pensamento de que ele poderia ter feito algo melhor... algo que recompensasse mais ou que fosse mais glorioso. Já vi isso.

Acrescento outra coisa. O analista é rebotalho somente de sua função, seu ato lhe promete a castração do gozo do escabelo, mas, por outro lado, e vemos isso sem precisar de um microscópio, fora de sua prática, na associação e na vida social, os analistas não ficam de fora quando se trata de trabalhar para s'umanizar, trabalhar em seu escabelo, e até mesmo utilizando seu nome de psicanalistas.

Enfim, o mais importante, leiam a "Nota italiana". Lacan ali fala apenas de rebotalhos que escolheram ser rebotalhos, e que nenhum Outro (com maiúscula) ejetou. Os primeiros que ele evoca são aqueles a quem adveio o desejo *do* saber [*désir* du *savoir*], que ele identifica com a douta ignorância, mais amplamente com o *gay savoir*. Eles são os rebotalhos desse conjunto chamado humanidade, que não quer o saber e para a qual não servem para nada. Mas eles o são por seu ato, em razão de seu gosto pelo saber, do qual carregam a marca. É uma marca de exclusão, se quiserem, mas voluntária, e qualificá-los como rebotalhos é um elogio da parte de Lacan. O mesmo poderia ser dito do Santo. Ele se situa a partir da escapada, "o santo", da excursão herética fora dos caminhos do dogma, ele é o rebotalho da via canônica da qual está fora, para o qual ele não tem uso, rebotalho, portanto, mas novamente por seu ato — ao menos enquanto não o reabilitarmos com uma auréola. No fundo, pode-se dizer que os defensores de um desejo novo são sempre os rebotalhos do antigo desejo, de que não eles se servem mais e ao qual não servem mais, e se deleitam. Digo desejo, sem esquecer, porém, que todo desejo é uma modalidade de gozo e que o desejo que anima um dizer novo não é exceção, pois ao dizer novo, novo escabelo.

O segundo rebotalho nessa nota é o sujeito em fim de análise, não o analista, o sujeito que, no final, atravessou "seu horror de saber" e, portanto, "sabe ser um rebotalho"[9]. O analista rebotalho no final da operação analítica está, portanto, longe de ser o único que é rebotalho, é o sujeito analisado quem o é e que sabe disso a partir de então. Equívoco aí do termo saber, que pode significar "ele sabe que o é" [*il sait qu'il l'est*] e/ou "ele sabe fazer o rebotalho". O sujeito, que por sua natureza de falante é falta a ser, "cujo ser está sempre alhures"[10], no final, ele sabe aquilo que é: um rebotalho. Esse é o saber que se adquire em uma análise, segundo Lacan. Mas o que isso, rebotalho, quer dizer, rebotalho de quê, de qual operação? Bem, o rebotalho desse longo trabalho significante do dizer da verdade e da decifração de seu inconsciente, qu indubitavelmente terá carregado frutos terapêuticos, mas fracassou em encontrar a última palavra de seu ser. Ele saberá, pois, que o mais real de seu ser de desejo e de gozo é rebotalho do saber articulado, contrariamente ao que sua fantasia o levava a acreditar. Ironia, se assim pudermos dizer, da via analítica, que conduz do desejo do saber — entre os defensores do *gay savoir* mobilizado na entrada da história da psicanálise, assim como a cada entrada na associação livre — ao fracasso ou ao

---

[9]LACAN, J. (1974) Nota italiana. In: *Outros escritos*. Tradução de Vera Ribeiro. Rio de Janeiro: Jorge Zahar Editor, 2003, p. 313.
[10]LACAN, J. (1972-1973) *O seminário, livro 20: mais, ainda*. Tradução de M. D. Magno. Rio de Janeiro: Jorge Zahar Editor, 1985, p. 195, aula de 26 de junho de 1973.

limite... do saber. Pode-se formular isso dizendo que ela conduz ao saber daquilo que ex-siste ao saber, se quisermos, o objeto primeiro, o real mais geralmente. Então, o desejo *do* saber, o *gay savoir*, aparece por aquilo que ele é, uma das formas de "não querer saber nada disso" de tudo o que não se subsume diante dos significantes do saber, digamos, fora do simbólico. Se o analisado atravessar esse horror de saber, será, portanto, rebotalho do *gay savoir*, seu desejo de saber tendo-lhe permitido perceber o que os doutos ignorantes, os defensores do *gay savoir*, não queriam saber. E se ele tiver uma marca, será uma marca diferente da do desejo *do* saber. Será que ele fará uso de escabelo com isso? É isso o que fica em suspenso por ora, mas não tem nada a ver com uma identificação com o rebotalho, esta é sempre sinal de outra coisa, de uma posição de gozo específica, própria a um sujeito que, aliás, às vezes precede a análise em si.

Acompanhemos um pouco o raciocínio. Qual a relação entre o rebotalho e o objeto *a*? O objeto *a*, na medida em que está em função, não é um rebotalho, ele tem um uso, o da causa, que é, pois, motor da demanda, do desejo e das pulsões, digamos, de toda a economia subjetiva. Quando o objeto *a* deixa de estar em função de causa, geralmente é uma figura clínica conhecida que é produzida, a depressão. Ora, está claro que Lacan não postula nesta nota que aquele que sabe ser um rebotalho seja necessariamente um deprimido, embora ele tenha mencionado anteriormente a nota depressiva. Poder-se-ia dar a fórmula desse luto de fim tingido de depressão, não se trata de uma perda do objeto, é uma perda do saber do objeto. Tomando emprestado do vocabulário do amor, poder-se-ia formular:

"eu não posso dizer o que você é para mim", você, o analista que fez função de meu objeto causa.

No final, portanto, o analista que sustentou o posto de semblante de causa torna-se o objeto rebotalho, demitido de sua função, ao passo que o analisando sabe que o objeto que ele é, que o analista levou ao semblante, é rebotalho de todos os semblantes. Para alguns, o afeto pode ser de entusiasmo em resposta a essa apercepção do caminho irônico, como disse, que os leva ali justamente aonde eles não queriam ir. Estamos aí do lado dos afetos do sujeito, não do *status* do inconsciente, e quando Lacan fala do luto do objeto no final, em "O aturdito", é certamente o luto da função causal do analista, mas não é o luto do objeto que se é; é o contrário, a assunção de si mesmo como objeto real, fora do simbólico, embora efeito da linguagem. É por isso que, ao contrário do que se ouve e do que se toma por travessia da fantasia, o fim do fim em uma análise não é elucidar aquilo que se foi para o Outro, tudo o que se elucida a esse respeito é interpretação fantasmática. Quando essa interpretação fantasmática aparece por aquilo que ela é, permanece o furo do impossível de saber fazer passar ao saber; então... ele pode saber que é um rebotalho do desejo do saber que era justamente preciso para começar, e parar de se fazer de tolo [*dupe*] do inconsciente, ou seja, abandonar, no que lhe diz respeito, o vício da interpretação de suas formações do inconsciente. É preciso ser tolo do inconsciente para sustentar uma análise sem errar, os não tolos erram [*les non dupes errent*], mas ao fazê-lo, o sujeito se faz, de certa forma, enganar [*duper*] por um dispositivo que o leva a outra coisa, que ele não queria, que chamamos de real. Compreende-se que é preciso que o entusiasmo ou a satisfação o tome e que ele perceba um benefício desse saber advindo para que possa se engajar em perpetuá-lo.

Se me acompanharam, suponho que pensarão, como eu, que os afetos negativos constatados em nosso meio com relação à referência ao rebotalho são, antes, efeitos de um pensamento inadequado, como diz Spinoza.

DISCUSSÃO

Daphne Tamarin [tradução de C.S.J.]: A questão é sobre aquilo que disse no ano passado, acerca do mesmo texto, a saber, que o UOM visa sempre um mais-de-gozar [plus-de-jouir].

C.S.: Qualquer gozo, de fato, de qualquer natureza que seja, pode ser atribuído ao gozo do mais-de-gozar, porque ele advém no fundo da falta de gozo [*manque à jouir*], que define o falante, a falta de gozo produzida pelos fatos de linguagem. Com relação a essa falta de gozo constituinte, todo gozo é um extra [*un plus*]. Não apenas o dos *gadgets*, todos são mais-de-gozar. É nesse sentido que o tomava. Todas as formas de gozo podem ser imputadas ao bônus, como diz Lacan, mas isso não diz nada de sua natureza. O gozo do escabelo também é um mais-de-gozar e que não resolve a falta de gozo dos homens escabelo, é evidente. Coloco todos os gozos de que falamos — aqueles que podemos identificar, aos quais podemos dar um pouco de corpo, um pouco de presença, quer seja o gozo do sentido, o gozo fálico em todas as suas formas, o gozo de uma letra opaca etc., e o gozo do dizer-escabelo — na conta do "mais-de-gozar", para que não se esqueça de que nenhum deles é satisfatório [*comblante*]. Cada um experimenta isso em sua vida, mas está sempre pronto a imaginar que há outros que chegam ao gozo que satisfaz.

Régine Chagnac: Não entendi os dois sentidos da palavra tolo.

C.S.: Ser tolo é cair mediante um engano. Vocês conhecem a bela frase de Chamfort citada por Lacan: não se é inteiramente o tolo [*la dupe*] de uma mulher tanto quanto ela não é vossa [*la votre*]. Vejam o equívoco: "vossa" refere-se a mulher ou tolice [*la duperie*]? É impossível dizer o que esta frase realmente quer dizer porque ela tem uma ambiguidade irredutível. E como é uma frase espirituosa [*un bon mot*], não há contexto que permitiria reduzir a equivocidade.

Tolo do inconsciente, sim, há justamente um engano. Aquele que entra confiante na associação livre, isto é, que entra na transferência, pois a associação livre não está fora da transferência, entra com esperança e confiança. Ele espera que, seguindo o fio das palavras a seguir, pensamentos que se apresentam, significantes que ele vai isolar, chegará à última palavra, a um ponto de estofo que será ponto de estofo por meio do significante. E, portanto, fazer-se de tolo é isso, fazer-se de tolo do dispositivo mais do que do próprio inconsciente. E é só no final que se sabe que isso leva aonde não se queria ir, esse é o engano. É por isso que ressalto o lado sardônico da via analítica, de certa forma. Obviamente, é preciso que haja satisfações para que aquilo que chamo de engano [*duperie*] do dispositivo não fabrique apenas inimigos da psicanálise, mas, pelo contrário — era a ideia de Lacan nessa nota —, os únicos analistas possíveis.

Patricia Zarowsky: Há também formações do inconsciente que estão fora da análise, na infância, na adolescência. Neste caso, o que fazer? Elas não dizem nada, não têm sentido.

C.S.: Há, de fato, formações do inconsciente na infância. Mas quem diz isso? Os psicanalistas. Para aquele que sonha, que comete um ato falho, sem psicanálise, não é uma formação do inconsciente. Isso é Freud, no início do século XX, que postula que sonho, lapso, ato falho e sintoma eram formações do inconsciente. Nesse sentido, ele inventou o inconsciente. Anteriormente, havia sonhos, lapso, ato falho, mas isso era diferente. O inconsciente é relativo ao discurso que o estabelece, e Lacan chega a dizer em 1975: "nada nos assegura que há inconsciente fora da análise", portanto, não pensemos que todo mundo pensa da mesma maneira aquilo que propomos a nós mesmos como material clínico para apoiar a tese freudiana do inconsciente.

E atualmente, em nosso momento da civilização, isso também está sendo repensado de outra forma. Isto é, há uma corrente maciça para pensar que sonhos, lapsos etc. são produtos do organismo, do cérebro e que isso nada tem a ver com o inconsciente.

Há dois tipos de formações do inconsciente e, para dizer a verdade, é um pouco por abuso que falamos do sintoma como uma formação do inconsciente, pois as formações do inconsciente que falam são esses sonhos, lapsos, atos falhos, chistes. O sintoma está à parte, ele está à parte clinicamente, e isso se vê imediatamente, já que se trata de uma formação estável. Todas as outras são efêmeras, pontuais. É isso que leva a acentuar ainda mais a ideia de um inconsciente real que tem efeito sobre o corpo, um efeito direto da fala sobre o corpo, sem contribuição subjetiva. Convido-os a ver o pequeno texto de "Ou pior" no começo de *Scilicet* 5, em que Lacan fala do inconsciente trabalhador ideal, ele sabe o que tem que fazer, supõe um sujeito cifrando o gozo que faz "função do sujeito", que é o gozo fálico, o gozo castrado. Isso deve ser distinguido do inconsciente como Outro que fixou seu selo na entrada da vida e fixou um gozo de corpo que não se move mais, um núcleo sintomático que não se move. Este não trabalha. É por isso, então, que somos obrigados, na conceitualização do inconsciente, a distinguir dois lados. O segundo é aquele que Freud tentou abordar com a noção de traumatismo, uma marca que vai ser ressignificada depois com o tempo, mas quem está lá não se move. Lacan, no final, disse repetidamente que não há o menor traumatismo. Em particular nas conferências nos Estados Unidos, ele contesta a ideia de traumatismo, porque a noção convoca demais o acidente. Há traumatismo, pois a sexualidade é traumática, e portanto, para todos.

Nestor Tamarin: Um escabelo e o sinthoma são a mesma coisa? [...]

C.S.: Sinthoma é o dizer que faz o nó borromeano, é como dizer escabelo.

Assim que se diz um *sintoma*, de Freud a Lacan, pensa-se em gozo; o sintoma é uma formação de gozo.

E depois, chega-se ao *sinthoma*, como Lacan escreve, e ele diz: isso é o dizer. Esse é o tema de minha última contribuição à Escola: qual é a relação entre o dizer e o gozo? Num primeiro momento, pensava que era preciso distingui-los porque não é a mesma coisa, isso não coloca o corpo em jogo da mesma forma. Mas o dizer *sinthoma* de um indivíduo qualquer, que deve ser distinguido dos ditos no plural, esse Um dizer, ele é constituinte do nó borromeano. Ora, o que diz o nó borromeano? Ele escreve um nó entre as três dimensões que determinam os diferentes tipos de gozo. Em outras palavras, o Um dizer é causal da modalidade borromeana de gozo, de um Um de gozo borromeano em que, para cada um, o gozo do sentido, o gozo da letra, o gozo fálico se articulam de uma maneira particular. Chamo esse metabolismo de diversos gozos de Um de gozo, o que faz com que não haja o excesso em falar do Um dizer de gozo, e isso caminha junto com o escabelo.

Anaïs Bastide: Lacan diz: o dizer é o sinthoma. Você diz: é o escabelo, e ele é para todos. Mas, na psicose, há desvios e não há sinthoma?

C.S.: É uma questão sobre a aplicação desta tese às diferentes estruturas clínicas. Voltarei a isso.

Lucile Cognard: Você diz que, no final de uma análise, um novo dizer substitui um outro dizer, mas é sempre um escabelo.

C.S.: Não creio que tenha dito isso. Coloquei a questão: será que do saber adquirido é possível fazer um dizer escabelo? Deixei isso em aberto. Será que "se saber objeto" produz um novo dizer? Em todo caso, isso certamente abre para o sujeito uma nova perspectiva, mas... Isso ainda deve ser pensado.

Esse sujeito de que Lacan nos fala que teria atravessado seu horror de saber, que saberia que ele é um rebotalho, que teria deixado de ser o tolo de suas formações do inconsciente, será que ele vai se fazer um escabelo? O que é certo é que se utiliza o nome da psicanálise na vida social para se fazer um escabelo.

Poder-se-ia dizer também que há um lugar onde se faz um escabelo de sua psicanálise, é o dispositivo do passe. Forçosamente, a partir do momento em que se pode receber ali uma nomeação e que se dirige à comunidade em nome dessa nomeação, isso me parece certo. Escrevi sobre isso para *Wunsch*.

Lucile Cognard: Há pessoas que colocam seus escabelos a serviço da escola. O que isso lhes permite?

C.S.: Nem todos os escabelos têm os mesmos efeitos sociais, neste sentido, eles não são todos iguais socialmente. Olhar-se no espelho no decorrer do ano não serve para ninguém além daquele que está se contemplando; trabalhar em algo também serve para alguns, é diferente. Na psicanálise, é igual, no coletivo, o escabelo está em toda parte. Depois, pode haver alguns que contribuem mais para o funcionamento do todo. O que faz isso?

SEIS

22 de fevereiro de 2017

Terminei o último encontro com um desenvolvimento sobre a noção de rebotalho e para mostrar que se resiste mais às suas conotações negativas do que se pensa. Além disso, cita-se de bom grado em nossas esferas a observação de Lacan referindo-se à figura do analista como uma saída do discurso capitalista, mas sem perceber que isso diz que ele é rebotalho do discurso capitalista, ele não lhe serve para nada e não o serve. Um desejo que está à margem da lógica da produção-consumo dos mais-de gozar que são os bens do mercado, e que lida com uma outra apetência, para um outro gozar, próprio de cada um. É justamente com isso que os analistas ficam lisonjeados, sem ainda compreender com isso que o nome de psicanalista, em si, é um nome de rebotalho com relação ao discurso do tempo, e aliás, é evidente que, desse nome de psicanalistas, muitos fizeram um escabelo para si, caso contrário não haveria história da psicanálise. Preferíamos quando Freud dizia: é a peste! Podia-se acreditar que a peste era mais subversiva do que rebotalho. Erro, mas este erro não é infundado, no entanto. Com efeito, algo mudou: é porque esse desejo inédito, que apareceu com Freud, que qualificamos como peste ou rebotalho, não está mais em posição de conquista, agora ele está a ponto não de reivindicar sua diferença, mas de se fazer ser ejetado, e desta vez pelo discurso e pelos poderes do Outro, o que o coloca em posição de pedir um lugar. É isso que está em jogo em todos os debates atuais sobre a saúde mental, que neste momento culmina em torno do tratamento dos chamados autistas. Então aí, a palavra *"rebotalho"* assume, de fato, um outro sentido.

UOM-escabelos e seus outros

Terminei por ora com o conceito de escabelo dos falantes, sua generalidade e sua prioridade. Daí, volto à relação do homem-escabelo com outrem. Esse é um tema que já mencionei, especialmente em Medellín, mas insuficientemente. Parto do seguinte: não há escabelo fora de um laço social. É o mesmo que dizer que a oposição fácil entre narcisismo e relação de objeto deve ser repensada, com esse narcisismo expandido do homem-escabelo. Não tomo aqui o laço social no sentido das estruturas do discurso, mas no sentido de relação com os outros, outros UOM. A própria megalomania, a mais delirante, a mais discordante com relação às realidades, não pode prescindir de uma testemunha, mesmo que seja uma testemunha interna ao delírio. Essa relação com a testemunha que nós somos como leitores, Lacan também a enfatizou a respeito do caso Schreber. No narcisismo do espelho, Narciso está alienado à imagem e, em continuidade, alienado ao semelhante. No narcisismo industrioso do escabelo, outrem também tem um papel, mas ele não intervém como imagem. Trata-se, como disse, de um narcisismo do sujeito, ou se preferirem, do desejo. Ora, o narcisismo do desejo, se acompanharam o que disse, tem outro nome, o falicismo, seja ele falicismo do ter ou do ser. Esse narcisismo fálico intervém no nível daquilo que se chama, em termos comuns, de reconhecimento social. Há algo de mendigar no "se fazer" do escabelo, nos diversos campos em que ele se realiza — profissional, artístico, esportivo, científico, enfim, todos os campos em que se pode "se distinguir" e até às vezes se fazer um nome, ou, mais modestamente, um lugar, como se diz, e não é um termo insistente e recorrente junto aos analisandos que o do seu lugar, o lugar que os outros, grandes ou pequenos, lhes dão ou não, e geralmente protestam em ambos os casos.

Se fazer ...

Questiono agora a relação que existe entre o se fazer de escabelo, diz-se fazer-se um nome, uma posição — e Lacan diz *eu me faço uma* —, e o da pulsão. Qual é a diferença entre o "se fazer" da pulsão e o se fazer do narcisismo fálico? A atividade pulsional, seu exercício, se define a partir de um "se fazer" que, aliás, está em jogo na dita operação de separação. Conhecemos as expressões dadas por Lacan para definir as quatro pulsões: se fazer comer [*bouffer*], cagar [*chier*], ver [*voir*], ouvir [*entendre*]. Refiro-me ao texto "Posição do inconsciente", texto essencial dos *Escritos*, e o que está esboçado no seminário 11. As pulsões, em sua diferença para com a necessidade [*le besoin*], se estruturam a partir da demanda, tese de 1958[1], que se encontra muito mais tarde nessa outra fórmula, elas são,

---

[1] Ver LACAN, J. (1960) Observação sobre o relatório de Daniel Lagache. In: *Escritos*. Tradução de Vera Ribeiro. Rio de Janeiro: Jorge Zahar Editor, 1998.

"no corpo, o eco do fato de que há um dizer"[2]. Sim, o dizer da demanda que determina sua estrutura de bordas erógenas recortada na superfície do corpo. No entanto, a atividade pulsional deve ser distinguida de sua estrutura e não tem nada a ver com a demanda. Trata-se de uma atividade de corpo a corpo, a pulsão. As quatro fórmulas que acabei de citar indicam justamente que a pulsão coloca o sujeito em relação com o objeto *a* e que ela desdobra uma estratégia: ela "busca" algo do lado do outro, daquele que come, evacua, olha, ouve, o objeto em si. Lacan transforma-o em imagem com o esquema em que, com sua flecha saindo da zona erógena e ilustrando a busca justamente, ela contorna o objeto *a*.

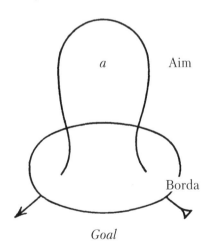

No entanto, não confundamos, essa busca não é uma demanda, a pulsão nunca pede [*demande*] permissão, ela

---

[2]LACAN, J. (1975-1976). *O seminário, livro 23: o sinthoma*. Tradução de Sérgio Laia. Rio de Janeiro: Jorge Zahar Editor, 2007, p. 18, aula de 18 de novembro de 1975.

usa impudentemente e, traço essencial, nunca afrouxa sua pressão. Sua flecha vai na direção do outro, busca de mais-de-gozar, mas retorna ao sujeito corporal, no qual ela restaura, é o termo de Lacan, sua perda. Na pulsão, o objeto perdido é convocado como um *plus*, um mais--de-gozar, o seio, o excremento, o olhar, a voz, mas não é recuperado, nunca, daí o termo restauração da perda. O objeto ali é aquele que, ao mesmo tempo, falta e tem valor de mais-de-gozar. A partir dessa busca, Lacan deu muitas fórmulas. O *voyeur* não é olhar, ele é olhado. O exibicionista não se apresenta como espetáculo [*m'as-tu vu*], ele é olhar, impondo ao outro uma visão que o força. Na pulsão invocante, o sujeito "dá voz" [*donne de la voix*], novamente um idiomatismo, ele dá voz para se fazer ouvir, mesmo com o *shofar* mencionado no seminário *A ética da psicanálise*, mas ele está à espera de uma voz que não pode ser encontrada. A diferença disso para com as pulsões orais e anais é que estas são recortadas das funções vitais, que têm seus ritmos biológicos e, muitas vezes, se prestam a confusão com elas. Essa toda é a ambiguidade dos comportamentos anoréxicos. Posso dizer que a atividade pulsional é predatória de um benefício de gozo compensatório, mas também é uma reiteração da impossível compensação. Daí seu constante empuxo. Ao contrário do desejo de que a satisfação da demanda tampone, a pulsão se mantém por sua própria colocação em exercício, por sua própria atividade.

Em que essa busca é separadora, e de quê? Já podemos ver que ela não aliena a demanda, a demanda que deixa o sujeito na sujeição do Outro, e mais precisamente na alienação aos significantes do Outro. Daí, aliás, pode-se esclarecer alguns fatos de observação. Primeiro, o fato de que as pulsões têm como características não flutuar muito, em função do estado do discurso, dos laços sociais, elas são quase trans-históricas a tal ponto que é possível reconhecê-las mesmo em textos da mitologia antiga, por exemplo. Em seguida, como desconhecer sua dissidência quase natural, quero dizer, sua difícil domesticação por meio dos discursos socializantes de todos os tipos, que por não ter outro meio além da linguagem, só podem tratar essa dissidência por meio da sanção ou da segregação, digamos, por meio da relação de forças? Evoco aqui aquilo que poderia chamar de bordéis das dissidências pulsionais para qualificar todos os lugares de relegação que não se reduzem aos bordéis da prostituição. E pode-se ver hoje que, na falta de um grande semblante unificador, o aparecimento em cena dessas múltiplas dissidências se impõe.

Se há separação, é, logo, uma separação para com a cadeia dos significantes do Outro, não é uma separação para com o corpo do outro, pois a pulsão é, por essência, relação, laço, com o objeto no Outro. Lacan, aliás, mencionou acerca disso uma alienação de outro tipo, que se situa no nível dos desejos. "Posição do inconsciente" precisa a função dessa separação, essa função é identitária, uma vez que ela permite ao sujeito se fazer um estado que qualificamos como civil. O estado civil consiste em inscrever-se sob um significante, o significante "sob o qual ele sucumbe", diz Lacan, mas podemos acrescentar um significante que, a partir de então, vá representá-lo. Há, portanto, uma junção, uma solidariedade entre a relação da pulsão com o objeto e a inscrição do sujeito sob um significante que lhe seja próprio, do qual não se pode mais simplesmente dizer que é do Outro. Está-se aí no nível de um questionamento sobre "a causação do sujeito", daquilo a que chamamos sujeito. Não é o mesmo que o escabelo, o qual, por sua vez, está em outro nível de questionamento, pois ele se produz como competição entre os seres que já têm um estado civil.

Há, portanto, dois níveis de "se fazer": o da pulsão, que assegura a separação para com o Outro (com maiúscula), e o do escabelo, que assegura uma integração em um laço. Para se fazer um escabelo, é preciso primeiro ter-se inscrito como o Um de uma "diferença absoluta", consequentemente ser "deduzido" [*décompté*] do Outro. Em outras palavras, nos termos da última conferência sobre Joyce, é preciso já ser um... UOM, esse *UOM* escrito com três letras, que se engendra duplamente a partir do imaginário e do simbólico, como disse, esse *UOM* que pode ser dito ou, antes, escrito "faunético" para condensar os fonemas da linguagem e a imagem do fauno.

O dízimo

Se chego a evocar o "fazer-se" da pulsão, que difere, portanto, do "fazer-se" do escabelo, é porque, ao lado dos diversos usos do "se fazer", há, com relação ao corpo, o qual está em jogo na pulsão, sempre, e no escabelo com mais frequência, mas nem sempre, bem, há também o "fazer com" o corpo. O homem tem um corpo, mas ter um corpo não quer dizer nada "se não fazer algo com". Um adendo, no entanto: esse uso pode ser suspenso, ele só é possível, nada mais. O escabelo é para todos, o fazer com o corpo não é para todos, há, portanto, sujeitos que diremos sem corpo. Ainda é preciso ver o que esse não uso do corpo quer dizer. O escabelo, podemos "fazê-lo com" o corpo, mas não necessariamente.

Em *O sinthoma*, Lacan dá a entender que o neurótico faz com seu corpo quando diz que o "abandono [*laisser tomber*] do corpo próprio" é sempre suspeito para um psicanalista, e se seguiria daí que o psicótico, se o colocarmos no singular, o psicótico, que às vezes faz muito, como se constata, não faz... com seu corpo.

O que, então, se faz com o corpo? Resposta: ter um corpo é "pagar o dízimo a todos os outros". Estamos, portanto, explicitamente no nível de uma relação com os outros. Isso é bem claro, a pulsão separa do Outro (com maiúscula), o escabelo liga aos outros (sem maiúsculas). Também podemos deduzir imediatamente que não ter corpo não é fazer pagar dízimo a todos os outros. Tentemos entender essa tese. E para elucidar essas asserções não imediatamente óbvias, uma das vias possíveis é questionar inicialmente cada termo.

Fazer pagar é extrair [*prélever*] algo. Mas não se trata, sem dúvida, de qualquer débito [*prélèvement*], o que a expressão fazer "tão barato seu próprio corpo" confirma, a qual evoca não o simples débito, mas a troca mercantil, e precisamente algo como uma venda do corpo ou de uma parte.

Aparentemente, à primeira vista, está-se num esquema inverso da atividade pulsional, a qual suporta todas as relações de objeto; mas, como disse, por um lado, a pulsão é uma predadora aniquiladora, ela extrai, sem dúvida, um mais-de-gozar, mas não se apropria daquilo que busca no Outro, a saber, nada mais do que objeto *a*, o representante do gozo perdido, por assim dizer, e, por outro lado, ela não extrai de "todos os outros", mas de alguns outros escolhidos de seus diversos cenários eróticos.

O que se trata de fazer pagar? Um dízimo, diz Lacan. O termo não é mais usado, pois vem do passado — o dízimo pago pelos camponeses ao senhor. Mas, curiosamente, Lacan precisa que a via, aquela que, portanto, consiste em fazer pagar pelo corpo, foi aberta não pelo poder político dos senhores, mas pelas "ordens mendicantes". Esse termo evoca claramente, portanto, um tempo anterior ao do capitalista, quando a ordem religiosa e a ordem política dificilmente eram distinguíveis e regulavam a ordem econômica. Agora, em tempos de capitalismo, não pagamos mais o dízimo, pagamos impostos, taxas etc., ou então fazemos doações. Não há mais ordem mendicante, mas muitas associações diversas que pedem junto à solidariedade pública para obras não necessariamente religiosas. Além disso, a expressão "tão barato" do corpo tem conotação diferente da religiosa, ela abre o eixo semântico de uma série comercial contemporânea, a dos preços do mercado capitalista, com suas vendas a preço de custo, ou com descontos de 50% a 80%, ou, pelo contrário, a preços de luxo. Então, por que dízimo?

No total, o termo dízimo, ilustrado pelas ordens mendicantes, introduz duas referências implícitas. Primeiro, as pulsões de autoconservação, como Freud as chamava. O dízimo devia assegurar a sobrevivência dos corpos dos religiosos, assim como aquele pago ao senhor local assegurava sua subsistência e a de sua corte. Não tem nada a ver com um dízimo pago ao erotismo, trata-se aí do campo da biopolítica anterior ao capitalismo e anterior a Foucault, o que é uma forma de indicar que acredito que a biopolítica não date de hoje, mesmo que ela tenha mudado de forma, e que se trate, na verdade, de fatos próprios aos falantes, que não estão, portanto, à mercê das contingências da história. *Primum vivere*.

Então, se perguntarmos quem paga? Entendemos que não seja o Outro (com maiúscula) da dívida simbólica do sujeito da nobre memória lacaniana, mas "todos os outros" (sem maiúscula), os da sociedade ou do grupo em que se vive. E, de fato, em cada exemplo convocado neste texto, o dízimo funciona mais entre conjuntos sociais do que nos corpos a corpos individuais; entre o grupo dos religiosos que, digamos, são sustentados e o grupo de fiéis, ou entre o Um (com maiúscula), o senhor, e a massa dos camponeses. Voltarei mais tarde ao outro dízimo exigido por Joyce.

Notem que os pagantes, camponeses ou fiéis nesses dois exemplos, não são simplesmente despossuídos, como Marx nos levou a pensar. Trata-se de uma estrutura de troca, inclusive a da chantagem, que deriva de outro lugar. Quando se trata dos camponeses, eles recebem em troca do dízimo exigido o direito de cultivar a terra e também a proteção contra os invasores; quando se trata dos religiosos, os fiéis são também retribuídos, de forma bem diferente é verdade, retribuídos por meio da intercessão pela vida eterna junto à divindade. Lembrem-se do problema do tráfico de indulgências que lançou a Reforma contra a Igreja. É a biopolítica da alma na vida após a morte! Aliás, uma mudança de época, a mais-valia marxista, a única coisa que Lacan aceita de Marx, não é o dízimo retirado do suor dos proletários do século XIX, contra a renovação da força de trabalho, ou seja, a subsistência dos corpos garantida? Que a troca não seja nem recíproca nem equitativa, nem mesmo forçada, como na chantagem, não impede que quem paga receba. Estamos na troca. Se se paga um dízimo é porque se acredita ser possível dizer aos outros "em vós mais do que vós", como a pulsão significava "em você mais do que você", e aquele ou aqueles que exigem isso dão a entender um "em mim mais do que eu", pois eles retribuem em retorno. O laço gerado pelos escabelos é construído a partir de um objeto de troca.

Nova estrutura de troca?

O objeto de troca é conhecido pelos leitores de Lacan há muito tempo. Ele o tomou emprestado de Lévi-Strauss e das *Estruturas elementares de parentesco,* nas quais as mulheres vinham em posição de objeto de troca, "não as desagrada", acrescentava Lacan. Era o casamento do comércio e do sexo, que não deixava de estar ligado à sobrevivência, já que o sexo assegurava a reprodução dos corpos, o nível básico de sobrevivência, obviamente.

Fico surpresa, e espantada também, que Lacan, nessa época e nessa conferência da qual Joyce é o objeto, avance, como mostram as expressões que ele emprega, em considerações muito mais amplas que o caso de Joyce. Obviamente, ele faz isso em um estilo assertivo, sem explicações, e de forma muito pouco didática, deixando-nos, de certa forma, encarregados da explicação. É claro, porém, que com o dízimo, que estava bem antes da mais-valia, o que está em jogo já é a economia das trocas que toda sociedade supõe, essas trocas que estão na base do laço social e que basicamente se trata inicialmente da manutenção vital dos corpos. Um problema do qual não se dirá não ser, com as ameaças ecológicas e as grandes migrações de pobreza e da fome. Curiosamente, é o escabelo do narcisismo fálico, contudo estritamente individualista, que o leva a essas considerações. E até mais, a promoção do Um individual em sua especificidade incomparável, do qual o nome de Joyce é o paradigma, em que aquilo que está em jogo não é aparentemente a sobrevivência e a manutenção dos corpos.

Qual é, portanto, o traço comum entre Joyce e uma ordem mendicante, mesmo em suas versões do século XXI? É que ambos dependem de um dízimo que será pago por "todos os outros", todos os leitores, que pagarão com sua atenção, ou todos os fiéis, que pagarão com seu dinheiro, todos os doadores das causas atuais. Há aí uma estrutura comum ao narcisismo fálico mais individualizante e às trocas inerentes à ordem social. Vejam as discussões crescentes sobre a renda solidária. Deixo de lado questões concretas de viabilidade, mas que ideia é essa senão a de que as vítimas do capitalismo financeiro podem fazer pagar o dízimo, caso contrário a paz social seria comprometida. No entanto, a diferença é grande entre os dois registros, ela se situa no nível daquilo que o dízimo sustenta: a manutenção dos corpos vivos ou o Um de identidade não anônima, embora geralmente isso não chegue até a promoção do nome próprio, assim como os nomes de exceção daquilo que Freud chamava de sublimação da cultura. Então, por que Lacan insiste mais em sua homologia do que em suas diferenças?

Vejo uma razão. É que se o escabelo, ou seja, a afirmação de si mesmo como Um, distinto de todos os outros, é o primeiro objetivo de todos, o objetivo de todos os falantes, todos os UOM, é preciso justamente que ele possa se sustentar naquilo que todos esses homens têm em comum, excluindo-se tudo aquilo que os distingue, a saber, a sua constituição, a sua história, o seu talento. Ora, todos têm um corpo. Posso formular isso assim: o primeiro escabelo é o corpo, e sem dúvida, sem ele, não há escabelo da cultura. Além disso, é interessante acompanhar as tribulações de Joyce, que não fez um escabelo de seu corpo, a sobrevivência desse corpo não era a sua prioridade, mas que, ainda assim, estava muito ativado, e com uma incomparável impudência, para assegurar-lhe essa sobrevivência, assim como a de seus entes próximos.

Nesse contexto, o que acontece com a distinção entre o laço imaginário com o semelhante e os laços simbólicos dos primórdios do ensino de Lacan? Desde o início, Lacan postulou que o narcisismo era vinculante, ele mesmo afirma isso para o seu caso Schreber, exceto que, então, esse laço reduzido ao imaginário era suplantado, e consequentemente desvalorizado, pelos laços dos sujeitos como efeito do simbólico. Daí, ele havia situado o próprio da psicose, uma desordem no nível simbólico, ao menos de um simbólico que inclui o Nome-do-Pai, mas que deixava intacto o laço imaginário.

Essa distinção não é mobilizada aqui. Mesmo objetivo primeiro para todos, o Um do escabelo, todos fazem pagar um dízimo, portanto, as ordens mendicantes, adiciono os senhores, e isso vai até Joyce, e o dízimo se encontra até mesmo no nível das trocas econômicas, que fundam a sobrevivência como base da ordem social. Aqui, se são todos, a psicose está incluída. Essa é uma questão em suspenso; em todo caso, Schreber não é exceção, ele que apela para todos aqueles de seu tempo como testemunha, esse é o termo de Lacan, de seu caso de exceção.

Com relação a fazer pagar um dízimo, não há diferença entre aquele a quem chamei de narcínico [*narcynique*], que institui, de uma forma ou de outra, o Um de seu escabelo, e os senhores ou as ordens mendicantes, que extraíam um tributo de todos os outros. Não é esta uma nova versão da frase "o coletivo não é senão o sujeito do individual"[3], cuja tese comentava o texto de Freud sobre a psicologia das massas? Só que não se trata mais do sujeito, mas do UOM, feito da conjunção do imaginário e de um simbólico reduzido à *alíngua,* UOM que "tem um corpo". E salvo também que "o coletivo" é um termo muito vago, que Lacan, ademais, precisou com seus discursos.

Duas questões então: Como especificar a modalidade de laço ao qual UOM com escabelo preside? O que é, precisamente, ter um corpo, uma vez que todo ser humano tem um organismo?

DISCUSSÃO

Sophie Henry: Volto à sessão anterior em uma frase que não entendi muito bem. A senhora disse: um dizer suscita o verdadeiro ódio sem contrapartida; portanto, verdadeiro ódio supõe que não se esteja na dupla vertente amor/ódio?

---

[3] LACAN, J. (1945) Tempo lógico e a asserção da certeza antecipada. In: *Escritos*. Tradução de Sérgio Laia. Rio de Janeiro: Jorge Zahar Editor, 1998, p. 213, nota 6.

C.S.: O verdadeiro ódio é uma alusão a teses que acredito serem de Lacan, mas que desenvolvi. Ele o distingue daquilo que chama, e que é o mais conhecido, de odionamoramento [*hainamoration*], isto é, o ato de detestar que é a face invertida do amor e aquilo com que se lida na maior parte das vezes na experiência transferencial, em que se percebe muito bem que a demanda analisante, essa demanda que não é preenchida por aquele ou aquela a quem ela se dirige, às vezes provoca raiva e fúria etc. e gera afetos que se expressam como afetos de ódio. É isso que Lacan condensou nessa palavra bonita odionamoramento em vez de enamoramento [*énamoration*], como se escreve habitualmente em francês. Essa é a contrapartida do amor, que é contrabalançado por esse ódio e que está cotidianamente na experiência transferencial.

E em seguida, há o verdadeiro ódio, que não tem nada a ver com amor, nada. Lacan diz: o ódio se endereça ao dizer, isto é, ao ser que situo a partir do dizer, à existência do dizer. Nada suscita tanto ódio quanto o dizer (*Mais, ainda*). Se lerem atentamente as duas últimas páginas de *Mais, ainda,* serão obrigados a encontrar algo diferente de odionamoramento. E depois, se lerem "*L'insu que sait de l'Une-bévue s'aile à mourre*" — acho que está lá —, Lacan diz ali essa coisa espantosa: há do Um e nada mais, mas há, ainda assim, a sensação de que é preciso que eu reconheça — e espera-se algo positivo —, mas não, ele diz: o ódio. E então, há todas as passagens em que ele diz que algo não vai bem em nossa civilização porque não colocamos o ódio em seu verdadeiro lugar, que não é o avesso do amor. Há muitas referências esparsas em Lacan, muito interessantes, sempre um pouco lacônicas, é preciso desdobrá-las. Se olharmos os primeiros textos sobre as três paixões do ser — o amor, o ódio e a ignorância —, você os encontra em paralelo, mas distintos já. O que é preciso ver é que o ódio é a paixão lúcida, ele atravessa a doxa em nossa sociedade, o amor é a paixão da ilusão. No entanto, isso não é razão para preferir essa lucidez, porque, contrariamente ao amor, o ódio não tem relação alguma com o saber. O ódio não é um afeto que se refere ao saber. Essa é a grande diferença com relação ao amor, que, ele sim, tem uma conexão com o saber: o desejo de saber, o amor ao saber etc. Mas o ódio não quer saber de nada. É inútil saber, só quer destruir o outro, é tudo.

Marjolaine Hatzfeld: Essa é uma pergunta que está bem abaixo de tudo o que a senhora está desenvolvendo hoje, mas que foi retirada daquilo que a senhora disse, um ponto que nunca entendi muito bem, a relação entre a pulsão (em que se trata de fazer um estado civil) e essa relação com o significante sob o qual o sujeito sucumbe.

C.S.: O texto de Lacan "Posição do inconsciente" não desdobrou muito a noção de separação, cabe a nós fazermos o máximo possível. Quando se lê uma expressão como esta: "o significante sob o qual o sujeito sucumbe", vem-me à mente o matema S_1/S. Ora, uma vez que tenhamos esse matema, do sujeito representado, já não sabemos mais o que ele é enquanto tal sujeito. O significante o representa, mas o significante não é ele. Portanto, seu ser está sob a barra. Esses são todos desenvolvimentos sobre a representação significante, e Lacan, numa época em que ainda se explicava, tem uma bela comparação: o significante é como um representante de vendas, ele representa uma casa, mas não é essa casa. O significante representa você, ele é seu fundamento para os outros, no social. Estado civil não é somente que você está inscrito na prefeitura sob um nome, é que você é apreendido por este significante para os outros da cidade.

É um pouco paradoxal, porque Lacan nos descreve uma estrutura na qual o efeito de significantes gera a pulsão, o sujeito é contado a partir do Outro, ele saiu da alienação aos significantes do Outro, mas isso o faz entrar imediatamente naquilo que não é uma alienação, mas uma representação que o eclipsa, que abre a questão: o que é esse $\mathcal{S}$, S barrado?

De fato, o que se fez na psicanálise, Freud, Lacan também? A interpretação visa o quê? Ela visa dizer o que é esse S barrado que sucumbiu sob sua representação significante, em outras palavras, dizer o que isso quer, o que é representado. O que é que responde ao: o que isso quer? Não é o significante, são primeiramente as pulsões, ou seja, a interpretação visa ao gozo pulsional— Lacan diz isso, não há interpretação que não consista em visar ao gozo que nos diz ser do sujeito, que responde à questão do sujeito. Podemos nos dizer que aquilo que esse S barrado tem de mais real são suas pulsões, antes de dizer que é seu sintoma numa época mais tardia do ensino de Lacan. O nó borromeano acrescenta-lhe a resposta do sintoma fora de sentido, inscrito no real, que não é a pulsão. Mas, em ambos os casos, o que responde está no campo do gozo.

MH: O sintoma que não é a pulsão?

C.S.: Sim. O sintoma é fixo, a pulsão é uma atividade pulsativa. O empuxo ainda está lá, mas ele é pulsativo. O *voyeur* nem sempre é pego em um momento em que seu cenário se realiza, mesmo que seja sempre impulsionado a espiar. Ao passo que o sintoma é fixo. Voltarei a falar dessa questão.

MH: O que me incomodava era a expressão de Lacan "se fazer um estado civil", pois sempre pensei na pulsão como consequência da inscrição significante.

C.S.: O que Lacan chama de alienação significante no seminário 11 é um sujeito que não está inscrito sob um significante que o representa, trata-se de um sujeito que está sob a cadeia do Outro. Esse é um ponto difícil de entender na construção de Lacan porque, e esse é todo o problema, a estrutura da alienação significante, isso se escreve $S_1 \rightarrow S_2$, mas o sujeito representado também, salvo que em ambos os casos os S_1 não têm o mesmo status. Então, poder-se-ia dizer: será que, na associação livre, não é um sujeito na alienação significante? Não, porque há o $S_1 \rightarrow S_2$, que é a estrutura recorrente da cadeia, e em seguida há o S_1, do estado civil, isto é, da representação significante. No ano passado, quando estava comentando *De um Outro ao outro*, dei um pouco de ênfase à passagem em que Lacan coloca a questão, que pode surpreender — vocês sabem que ele retomou "o significante representa o sujeito para outros significantes" que não representam, que estão no Outro, do inconsciente, e ele coloca a questão: mas o que o leva a se fazer representar? Essa é exatamente a questão que já se coloca a partir de "Posição do inconsciente". Fazer-se representar é um objetivo, não é algo automático. Fazer-se é quase um querer. O que Lacan responde em *De um Outro ao outro*? Fogo no rabo, fogo na bunda! Ou seja, as pulsões.

M.H.: Há as pulsões oral, anal... e, em seguida, a pulsão de se fazer representar?

C.S.: Ah não, isso não é uma pulsão particular, é um voto subjetivo.

Lucile Cognard: Será que a alucinação vem responder a um empuxo pulsional de uma necessidade de se fazer representar? Será que isso responde à mesma necessidade estruturalmente?

Marie Selin: Gostaria de saber se o significante sob o qual o sujeito sucumbe, será que isso pode remeter à insondável decisão do ser, uma parte de consentimento do sujeito?

C.S.: Sem dúvida, uma vez que acabo de ressaltar quando se diz *se fazer*, isso designa um objetivo, portanto, forçosamente isso assume um consentimento.

Evangelina Planas: Minha questão é sobre a parte sobre Joyce, uma questão sobre seu corpo, fazer uso de seu corpo para pagar o dízimo. Pode-se tomar o uso do corpo como demanda?

C.S.: Não se deve empurrar Lacan mais longe do que aonde ele vai. No seminário *O sinthoma*, há apenas esta frase: o abandonar [*laisser tomber*] o corpo é suspeito para um analista. No contexto, parece que isso quer dizer suspeita de psicose. Ele não diz nada sobre a neurose. Vou retomar a questão: ter um corpo, o que isso significa? Pois se relermos a conferência, isso quer dizer algo muito mais preciso e limitado do que se pensa.

[Questão]: Sobre como saber fazer com o corpo...

C.S.: Não falei de saber fazer com o corpo, Lacan diz: fazer com. Faz-se um escabelo com o corpo assim como se escreve com uma pena, é um meio.

[Questão]: É a respeito do gozo feminino, como isso faz com um corpo? [risos]

C.S.: Em todo caso, fazer pagar um dízimo por seu corpo, se as mulheres não sabem o que isso quer dizer, é surpreendente. Mas, efetivamente, isso faz entrar no dízimo sobre o plano erótico. Aquele que Lacan fala é o dízimo para a sobrevivência ou para o escabelo do Um. Não há nenhuma referência explícita ao erotismo na passagem que comentei. Isso virá mais tarde.

Diane Ibled: Minha questão é básica: entre a sublimação e o escabelo não tem nada a ver. Não entendi. Será que é por causa da dessexualização da sublimação?

C.S.: Não é que não tenha nada a ver, é que não deve ser confundido. O escabelo inclui a sublimação definida por Freud; sendo um destino da pulsão que curto-circuita o objetivo genital, isso não a reduz, e, nas duas noções, o laço com os outros está implicado, mas há escabelos de diferentes tipos, vou falar disso da próxima vez, pois o que se dá em troca do dízimo não é necessariamente aquilo que procede da sublimação da cultura no sentido freudiano.

Cécile Simon: O abandono [laisser tomber] do corpo, para mim, evoca a melancolia, depois a hipocondria. Perguntei-me: o que seria fazer com seu corpo nos sintomas hipocondríacos, que podem ser mais situados nas estruturas psicóticas?

C.S.: Será que o melancólico se faz um escabelo de sua melancolia? Será que o hipocondríaco se faz um escabelo de sua hipocondria? Sua pergunta é pertinente. É preciso definir aquilo que Lacan entende por "fazer com seu corpo". Ele deu uma primeira resposta: fazer pagar um dízimo, mas isso não é tudo. Vou desenvolver.

SETE

01 de março de 2017

Tinha a intenção hoje de falar sobre os laços do UOM--escabelo. Anteriormente, me detive em uma questão colocada no último encontro à qual não havia respondido, mas que foi renovada por escrito. A questão recaía sobre aquilo que acontecia com a pulsão na alucinação. Fiquei surpresa com a pergunta, porque havia acabado de explicar justamente que a atividade pulsional não é um fenômeno de linguagem, mesmo que ela se origine do efeito de linguagem que é a demanda, ao passo que, para a alucinação, a ênfase é colocada sobre um puro fenômeno de linguagem, inteiramente situada no nível da cadeia significante.

Pulsão e alucinação

Isso coloca a questão da relação entre o que chamamos de cadeia significante com o sujeito e a pulsão. Que a pulsão opere uma separação da cadeia do Outro e que essa separação seja constituinte da função identitária, como expliquei, não implica a reciprocidade, a saber, que se recorra necessariamente à pulsão quando a identidade vacila.

A alucinação, na definição muito consistente que Lacan dá na abertura de sua "De uma questão preliminar a todo tratamento possível da psicose", é do significante no real — assim como o inconsciente real —, portanto, do significante que não está na cadeia, fora da cadeia. Tem-se: S_1, o significante do sujeito, digamos, o Eu [*Je*], e em seguida, separado, ‖ S_2, significante da alucinação, por exemplo "porca", que está dissociado dela. Trata-se de uma estrutura de cadeia quebrada, paradigmática da psicose, segundo Lacan nessa época. O que confirma um outro fenômeno de linguagem, mais raro, mas presente no delírio de Schreber, as frases interrompidas. Esses dois fenômenos colocam a mesma questão, a do chamado ponto de estofo, isto é, do termo que, em uma cadeia de significantes, para o significado e coloca a cadeia.

No exemplo da porca, que é uma injúria, é claramente um significante que carrega uma significação de gozo. Vê-se aí, aliás, que a alucinação visa o mesmo que a interpretação, só que ela surge no real, ao passo que o sujeito, o que diz "eu", permanece na perplexidade quanto a seu ser. Essa perplexidade, contudo, não é em si um fenômeno psicótico, uma vez que toda representação significante cria perplexidade identária com relação ao sujeito que está "sob" o significante, conforme indiquei no último encontro. Inscrever-se sob um significante não reduz a questão da identidade do sujeito, é o contrário. Lembrem-se do "Que sou eu?" do grafo. O que distingue a psicose não é essa questão, mas a resposta, ou melhor, a modalidade da resposta. A alucinação responde com um nome de injúria, de insulto que, decerto, estigmatiza o ser de gozo, mas não é tampouco o próprio da psicose. Cito "O aturdito": "[...] o insulto [é] tanto a primeira quanto a última palavra do diálogo". A diferença não está aí, mas na ruptura da cadeia.

Em uma frase interrompida, a queda alucinatória falta, e vemos Schreber incumbir-se dela, por exemplo. Mas noto que nem todas as vozes são vozes de injúria; todas são tão frequentes que há as vozes que comentam as ações do sujeito: "Agora ela está fazendo isso", "agora ela vai dizer isso" etc., e neste caso, a voz é ouvida clinicamente como voz do Outro, de um outro que comenta. Não tem nada a ver com a pulsão invocante que contornaria o objeto voz, isso fica claro aqui, é o contrário, a voz parasita que incomoda, intrusa, da qual não é possível se desfazer — mas que faz companhia, como dizia uma dessas pessoas que era afetada por isso. O que não é assumido pelo sujeito retorna no real. Esse é um exemplo da tese segundo a qual o psicótico "tem o objeto *a* no bolso". Nesse caso, ele o tem em seu ouvido, mas, em todo caso, ele lhe é contíguo, não está perdido. A pulsão suporia que ele estivesse perdido. Na neurose, a resposta não é alucinatória, Freud a chamou de recalcada, digamos que, mais geralmente, ela está no inconsciente metaforizado, segundo a primeira tese de Lacan.

Está-se aí, sem dúvida, na questão mais difícil do ensino de Lacan. Partindo da ideia de que somos seres de linguagem, e na fala a linguagem se apresenta como uma cadeia significativa, restava a Lacan conceber aquilo que pode ser uma cadeia significante constituinte do sujeito que toca o gozo, e ele passou mais de uma década remanejando sua primeira construção. Além disso, na psicose paranoica, que segundo Lacan é a psicose por excelência, bem, as frases interrompidas estão ausentes; ela se caracteriza, pelo contrário, pelo rigor dos encadeamentos e das demonstrações. Nós as encontramos mais nos fenômenos de detenção do chamado esquizofrênico, e até mesmo aqueles dentre eles cuja capacidade de usar a frase na vida cotidiana às vezes chega a fazer dela... literatura. É que a cadeia significante das frases que cada um enuncia, a do bláblá, não é a cadeia constituinte do ser, e o ponto de estofo não determina a mesma coisa nos dois casos. Na sentença, ele determina o efeito semântico, a significação enquanto gramatical, ao passo que, na frase constituinte, ele determina aquilo que é uma outra significação, uma significação de gozo do ser. Trata-se de um enodamento entre linguagem e gozo. Porca é a palavra de uma significação de gozo, mas fora de cadeia, disjunta do sujeito. O defeito do ponto de estofo, longe de reduzir a significação de gozo, assegura seu retorno no real, que o expõe "a céu aberto". Questão, por conseguinte, inevitável para Lacan: o que determina o ponto de estofo? Resposta da primeira hipótese: é o Nome-do-Pai, que, no Outro, como significante da lei, regula o gozo e o determina como castrado, aquilo que será escrito -phi.

Não foram precisos muitos anos, no entanto, para que Lacan escrevesse, no lugar da significação de gozo, S(Ⱥ), matema que inscreve uma falta nesse lugar da significação na ausência do Nome-do-Pai no Outro, mas há, contudo, um significante desse furo, esse grande S, escrito fora do círculo do Outro. Nesse grafo, todavia, Lacan ainda não renunciou à noção de cadeia significante. Na linha superior, do lado direito, ele coloca os significantes das pulsões, esses significantes que fazem derivar do gozo na metonímia e que implicam sua limitação de linguagem, digamos a castração de gozo, a perda e, do outro lado, o gozo, que deve ser escrito grande phi, gozo "impossível de negativar", contrariamente ao das pulsões parciais, que já é negativado.

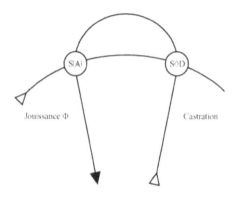

Ainda é possível acompanhar sua contínua interrogação sobre esse laço do S_1 e do S_2, no seminário 11 em particular, e quando ele escreve na primeira linha do discurso do mestre:

$$S_1 \longrightarrow \text{impossível} \longrightarrow > S_2,$$

essa escrita assina o fim da cadeia significante entre o sujeito e o gozo.

A expressão do inconsciente, "Saber sem sujeito", confirma. Depois, essa é toda a elaboração de *De um Outro ao outro* a partir da fobia, o primeiro significante do inconsciente como Outro.

Finalmente, culminando no final, o sintoma é "acontecimento de corpo", que não é sujeito e não faz cadeia com ele. Identificar-se com seu sintoma, não haveria excessos em dizer que é fazer como se houvesse uma cadeia.

UOM-escabelo nunca sozinho

Volto à questão dos laços. Citei a frase que dizem ser de Churchill: "Vivemos com aquilo que recebemos, mas marcamos a vida com aquilo que damos". Está-se aí justamente na economia da troca, troca concreta e que se avalia. Dar, receber são solidários aí, indissociáveis.

Não tem nada a ver com o problema da dívida simbólica. Hoje, no capitalismo, a dívida mudou de natureza, ela se reduz à dívida financeira, real, aquela que se calcula e que pode ser reembolsada e, logo, exigida. Em seu nível, o dom não existe, foi substituído pelo empréstimo e, eventualmente, pelo apagamento da dívida, impensável se se tratasse de uma dívida simbólica. Todos esses fatos caminham bem com a redução do simbólico ao cifrável que Lacan operou em *De um Outro ao outro* e que desenvolvi longamente no ano passado. Entre Um escabelo (coloco uma maiúscula em Um) e seu outro (sem maiúscula), quer se trate de um único outro ou de "todos os outros", o Um faz pagar um dízimo, mas dá algo em retorno, como diz Churchill. Não é que do um ao outro haja paridade, mas um e outro estão a par da troca que os liga, não quanto ao objeto de troca. A variedade dos escabelos é muito grande. Cada um é a instituição de um Um de diferença distinguida, seja ele de gozo e/ou de dizer. Emprego o termo de diferença "distinguida" para não dizer absoluta, pois a diferença do escabelo é sempre relativa. Relativa a "todos esses outros" que a sustentam, além disso, comparável, portanto relativa ao de outros escabelos. Devo enfatizar aqui que o escabelo do narcisismo fálico não é necessariamente narcínico. No neologismo do "narcinismo" que eu havia cunhado, quis ressaltar que, no capitalismo de nosso tempo, o individualismo tende a não ter outra causa além de "seu próprio gozo". Ora, pode-se fazer um nome de um escabelo por meio de todos os tipos de devoção, e essas são todas as obras de caridade, de ajuda mútua participativa, de partilha, em todas as suas formas tradicionais, geralmente religiosas, ou atuais, mais laicas. É o que se formula sob a forma do desejo [*souhait*] bem frequente de ser útil, de servir a algo, esse algo geralmente sendo da ordem do social. Há, portanto, escabelos que têm a figura da generosidade. Ela nunca chega, porém, ao dom, ao menos se o dom consiste em dar sem receber em troca, em pura perda, pois esses escabelos, assim como todos os outros, se sustentam de um dízimo, dízimo de reconhecimento social, recebido em troca. Madre Teresa é o nome paradigmático desses escabelos da generosidade em tempos recentes. Mais geralmente, há os escabelos de serviço prestado, que podem lhe valer a insígnia social de uma legião de honra ou um status de velho combatente, ou um prêmio Nobel, ou outro. E mais uma vez os escabelos dos serviços prometidos, pelos políticos desta vez, que podem lhes valer o dízimo de ser eleito. Ao lado desses escabelos que se enquadram na categoria do utilitário, há muitos outros. Aqueles das performances extremas que não estão ao alcance de todos no campo dos esportes, inventam-se todos os dias (atravessar o mundo a pé, os oceanos sozinho etc.), também das ciências, cujos grandes nomes pontuam nossa história — Galileu, Newton, Einstein... A ciência esquece sua história, mas não seus grandes nomes. Para Freud, houve o escabelo da invenção do inconsciente, e conhecemos suas cogitações sobre a futura placa que se exibiria em seu imóvel. Quanto a Lacan, ele muitas vezes mencionou um "quando eu estiver morto ...". Enfim, o escabelo das artes, das quais perguntamos justamente para que elas servem. E cabe a Lacan responder que, fora aquilo que serve, os meios, portanto, há o gozar, e "o gozo é aquilo que não serve para nada"[1]. Em suma, em cada caso, o que varia é que o dízimo paga, para não dizer que ele compra, grandes obras de benfeitoria, de excelência, de utilidade pública etc., para aqueles cuja história memoriza o nome ou, para os mais modestos, que são também os mais numerosos, obras digamos domésticas ou privadas nos círculos mais restritos da família ou da profissão, em que cada um busca seu mínimo de escabelo vital do reconhecimento por parte de outros.

Não se diria que a pulsão faz pagar um dízimo, embora, porém, ela instaure uma relação de corpo, sem dúvida. É que, com a pulsão, não se trata de troca, ela toma, como disse, a despeito do corpo do parceiro, e até mesmo a despeito do próprio sujeito, pois a pulsão, de certa forma, a força. Pelo contrário, o "fazer pagar", por sua vez, introduz a troca, que, decerto, não é equitativa, ela pode até mesmo ser forçada como na chantagem, mas, em todos os casos, engaja o parceiro que paga e suas razões para pagar. Logo, ao se uomelizar, UOM quer se promover como "há Um" [*y a Un*], mas esse "há Um" impulsiona ao laço, longe de programar a autossuficiência narcínica. Toda a questão é saber como esse tipo de laço se adapta ou não com a estrutura dos discursos que Lacan produziu, esses laços sociais que, dizia ele, permanecem em ação para nós. Ele nomeou quatro deles e também mencionou

---

[1] LACAN, J. (1972-1973) *O seminário, livro 20: mais, ainda.* Tradução de M. D. Magno. Rio de Janeiro: Jorge Zahar Editor, 1985, p. 11, aula de 21 de novembro de 1972.

a possibilidade de que tenha havido e que possa haver outros. Essa historicidade talvez seja uma razão para não hipostasiar esses quatro discursos como a última palavra sobre os laços passados e futuros, e para examinar aquilo que Lacan indica de novo com esse laço do ter do corpo ao dízimo.

Os escabelos e os discursos

Como colocar em acordo a estrutura destes laços que funcionam no modo dar/receber [*donnant/donnant*] com o dos discursos construídos por Lacan, os quais implicam, entre o termo em lugar de agente e seu outro, uma disparidade tão irredutível que atingiu o impossível no discurso do mestre, assim como no discurso do analista?

Daí resulta que, para se apalavrar a um discurso, uma vez que cada sujeito se apalavra a um discurso já presente, bem, isso é entrar numa ordem que contém você, a ponto de não haver nenhum laço que não suponha uma polícia encarregada de conter aqueles que não entram nessa ordem. Para o dízimo ilustrado pelas ordens mendicantes, diferentemente da dos camponeses, não há polícia, ela supõe um modo de consentimento, ou seja, de chantagem.

Há uma exclusão entre o laço de discurso, do qual se ressalta que ele implica a castração, e o objetivo primário dos escabelos do narcisismo fálico? Para responder, é preciso manter juntas duas constatações. Por um lado, os escabelos do narcisismo individual contribuem para os laços civilizacionais por meio de suas obras e, portanto, são incluídos nesses laços. Por outro lado, pode-se constatar, é um fato, que pelo menos para nós, que não reduzimos a psicose às suas formas socialmente deficitárias, esses escabelos das obras não excluem, longe disso, o fora do discurso da psicose. Onde se localizam, então, os escabelos no laço social do discurso de sua época? Vejo apenas uma resposta possível: eles operam no nível daquilo que está escrito no andar inferior dos discursos e, portanto, no nível dos efeitos sobre o gozo do impossível que se escreve na primeira linha. Contrariamente ao que acontece no matema saussuriano, em que a barra separa e conecta o significante com o significado, nos discursos ela separa a linha do semblante e a de seus efeitos sobre o gozo. Um discurso é uma ordem que produz uma economia de gozos, de mais-de-gozar, compartilhados. Ora, o dar/receber dos laços de escabelo sempre põem em jogo também um mais-de-gozar. Os fãs de um escabelo, "todos os outros", pagam um dízimo em troca de um mais-de-gozar. Este último pode ser muito diverso. Isso é patente nas artes, na música, na pintura, na literatura, com as questões de estilo. As querelas entre os antigos e os modernos, como costumava se dizer, são sempre querelas entre modalidades de gozo estético, que devem ser escritas no discurso no lugar da produção. E os críticos nessas áreas são, no fundo, ou os promotores ou os cães de guarda dos gozos admissíveis. É isso, aliás, que implica a tese de Lacan sobre o "saber fazer" do artista, que se distingue de manifestar um gozo que não podemos compartilhar, um *plus*, portanto, que nos escapa. Quando se trata dos escabelos do esporte, da política ou da religião, o mais-de-gozar adquirido por aqueles que pagam o dízimo inclui, sem dúvida, a identificação participativa. Desenvolvi este ponto em Medellín. Em todo caso, com seu escabelo, um falante oferece um objeto a gozar, ou propõe-se a si mesmo como um objeto a gozar, no lugar da produção, portanto, contra aquilo que Lacan chama de dízimo pago por todos os outros.

Estes últimos, os torcedores, com o que eles pagam? Sua admiração, seus aplausos, seu apoio, digamos — por que não? —, seu amor valem como uma falicização narcísica, compensadora do vazio do ser. Lacan aplica isso até mesmo à multidão nazista. Reformulando a tese freudiana, ele postula, em 1969, que na multidão nazista, a multiplicidade vale como um olhar único outorgado ao Um (com maiúscula), e eu acrescento também, por pouco ideal que seja. Tal é o dízimo recebido pelo escabelo, a "vaidade suprema"[2] de um olhar. É uma estrutura muito diferente daquela construída por Freud. No fim das contas, o dízimo é, em última análise, também aquilo que a massa de um público pode dar, a saber, um objeto, um olhar que apoia ou uma voz que aclama.

Esse dar/receber funciona inteiramente no nível da produção de gozo próprio a um discurso. Por isso, deixa de lado o que a regulação discursiva comporta, a saber, a diferença e a barreira entre a produção de mais-de-gozar

---

[2]LACAN, J. (1967-1968) O ato analítico. In: *Outros escritos*. Tradução de Vera Ribeiro. Rio de Janeiro: Jorge Zahar Editor, 2003, p. 376.

compartilháveis e a verdade do gozo, sempre singular, não coletivizável e oriunda dos efeitos do inconsciente nunca coletivo.

Verdade de J. ||J. produzido

Vê-se, assim, que os escabelos fabricam a massa gregária, unida, em todo caso, homogeneizada, não por meio dos grandes semblantes, mas pelos mais-de-gozar colocados em fator. Mas é preciso acrescentar, no entanto, aquilo que todos nós constatamos, que nos cansamos rapidamente dos mais-de-gozar, pois sua insuficiência em preencher impulsiona em direção à busca pela renovação, e, de fato, sua fabricação não deixa de ser *in progress*... na civilização do capitalismo, cuja grande regra é jogar fora para renovar. Grande problema para todos aqueles que procuram "sumanizar": como assegurar a permanência da sedução própria a seu escabelo particular? É o mesmo problema que há no amor, no fundo, o de durar, do "duro desejo de durar", como dizia Éluard. Quando Lacan, no momento da dissolução, falava de "aqueles que ainda me amam", ele estava estritamente nessa problemática.

Daí, da localização das trocas de escabelos ao lugar da produção do gozo, compreende-se também a potência cultural da psicose, que, embora definida como fora de discurso, pode, no entanto, tomar posição nas evoluções do discurso e até mesmo nele entrar "como mestre" segundo Lacan[3]. Com efeito, o que é o fora de discurso desses sujeitos, que não estão fora da linguagem, aliás?

[3]*Ibid.*

Bem, é que eles não são apalavrados ao discurso, o que implica que eles se distinguem por modalidades de gozo diferentes daquelas que são ordenadas pelo discurso corte-corrente[4], daquele dos apalavrados, eles também assujeitados, para não dizer mais "escravos", dos mais-de--gozar próprios a uma época. Consequentemente, o sujeito psicótico, de acordo com suas próprias capacidades, tem excelência tanto em sustentar, com sua singularidade, o diabólico *in progress* dos mais-de-gozar produzidos por um discurso quanto em se encontrar eventualmente segregado do laço social. Sabe-se bem que a novidade sempre chega aos discursos por meio das singularidades, portanto é lógico que as mais extremas dessas singularidades, as menos assimiladas, se sobressaiam em especial, eventualmente, na medida de seu talento. Digo eventualmente, pois houve grandes variações históricas sobre o valor da novidade que só se tornou dominante, para não dizer exclusiva, muito recentemente na história com a ciência e o capitalismo. Também compreendemos que no capitalismo, em que a barreira entre o gozo produzido por todos e a verdade de gozo para cada um não funciona, substituída pelo círculo produção/consumo, restam apenas os laços de escabelo. Consequentemente, cada falante, podendo entrar na arena de sua competição, quer-se justamente desigualdades da sorte, mas protesta-se fortemente contra as desigualdades hierárquicas instituídas, chamadas agora com o nome de elite.

---

[4]Nota da editora: Em francês, "cour-courant". A autora pode estar se referindo a um discurso de dominação da "cour" [corte real] no regime aristocrático francês.

DISCUSSÃO

Mico Nestor [tradução por C. S. J.]: O que acontece com o escabelo fora, independentemente, do discurso? Essa é uma questão sobre a forma como se fala do gozo inicialmente, porque muito se começou a falar sobre o gozo como algo individual, próprio a cada um, o que chamamos de verdade do gozo. E, em seguida, chegou-se a falar do gozo como produzido num discurso que é um laço social que inclui muita gente. E, portanto, há gozo produzido que é para muitos, e não apenas para um?

C.S.: A psicanálise faz parte da análise dos sujeitos um por um. E, portanto, a primeira ênfase dada por Lacan, por Freud também, de certa forma, foi estudar quais eram as modalidades de gozo dos indivíduos um a um e, portanto, com o inconsciente singular, o gozo singular.

Quando chegamos a colocar a questão da sociedade, porque nenhum sujeito está fora do mundo, o discurso é aquilo que ordena a realidade coletiva, portanto, quando chegamos a questionar como funciona o laço coletivo, é Freud quem começa com seu texto sobre "Psicologia das massas e análise do eu"; ele se pergunta como as libidos individuais podem ser homogeneizadas. Isso é o texto de Freud: como toda uma massa de indivíduos, que a psicanálise revela como diferentes em seu inconsciente, em sua fantasia e, portanto, em seu gozo, pode chegar a ter uma libido homogênea, por exemplo, em sua admiração e amor pelo *Führer*? Essa é a questão de Freud, e Lacan a retoma. Quando ele escreve seus discursos, é o mesmo problema que ele está tentando resolver. Temos, é claro, as singularidades individuais determinadas pelos inconscientes individuais, mas também temos uma sociedade em que existem modalidades de gozo que regulam a conduta naquilo que é permitido, naquilo que é proibido, naquilo que agrada, naquilo que não agrada. O discurso produz, fixa modalidades de gozo próprias a um grupo. Elas não são coletivas no sentido de que não se goza coletivamente, mas de um mais-de-gozar talvez, colocado como fator comum de uma grande multidão. Portanto, não há contradição, simplesmente a questão colocada diz respeito ao laço social para além daquele do casal. E isso leva Lacan a dizer, ele é muito diferente de Freud sobre isso, que os discursos, primeiramente não há somente um, mas vários, que todos os discursos são ordens de gozo.

Então os escabelos — sempre se faz um escabelo —, para fazer-se um escabelo, é preciso se distinguir. É possível se distinguir de duas formas: por um *plus* no nível dos gozos produzidos, por algo, portanto, que não lhe é próprio, que muitos outros têm em comum, mas no qual você se sobressai tanto que se torna diferente de todos os outros; e, em seguida, pelo contrário, é possível se distinguir a partir da verdade de seu gozo, de sua diferença absoluta. Há sujeitos que conseguem fazer valer sua diferença absoluta na sociedade, e há outros que não conseguem, e esses são os ejetados do laço social. Em todo caso, é preciso ter em mente aquilo que Lacan propôs: é que o escabelo é primeiro e para todos; não é por acidente, é constituinte do homem. Por isso coloquei a questão: será que se pode conceber sujeitos sem escabelo?

N.T. [tradução]: Entre o inconsciente sem sujeito, o inconsciente real, o inconsciente inscrito no gozo do corpo, que parece ser o mais autista, e o laço...

C.S.: Se você entendeu o que expliquei sobre aquilo que Lacan chama de *UOM*, UOM não pode ser autista. Ele tem um corpo cujo gozo pode ser autista, não compartilhável, um, absolutamente singular, único, mas UOM, que é feito de fala e de imaginário, não pode ser autista. É por isso que digo que o escabelo não é algo passageiro em Lacan, é uma concepção daquilo que ele chama *falasser*. Voltarei a esse capítulo com "ter um corpo". Mas, sim, há esses dois aspectos, o gozo autista — dizemos isso de forma diferente, o gozo uno, isso não se compartilha — e, além disso, não somos somente corpos de gozo, somos antes de tudo seres de linguagem, produzidos pela linguagem, seres a serem "umanizados". A ênfase no autismo do gozo apareceu mais tarde na psicanálise. No início, ainda é o laço, a "relação de objeto" que estava no cerne do questionamento analítico. É depois que se vê que a relação de objeto faz a tela para o outro aspecto, a saber, que não há relação sexual.

Lucile Cognard: O que é que chamamos de discurso estabelecido?

C.S.: Os discursos estabelecidos são aqueles que regulam um coletivo, são aqueles que Lacan diz que estão em exercício. Lacan empregou essa expressão especialmente em "Televisão" e para dizer o quê? Para falar do verdadeiro amor, que não está fora do discurso, mas fora do discurso estabelecido. O que me levou a dizer que o amor é um discurso epifânico, é um advento de um discurso entre 2, uma ordem de gozo entre 2.

Vincent Zumstein: Parece-me que, entre aqueles que não se fazem um escabelo, há talvez os místicos, em que o eu [moi] se reduz à mais simples expressão; não se fala muito dos místicos hoje.

C.S.: Não há mais. Porque quando encontramos algum, dizemos que são psicoses. Os místicos, no entanto, são solidários de um estado do discurso religioso que não existe mais. É certo que os místicos não se fazem um escabelo com seu eu [*moi*], se o eu [*moi*] é o imaginário, a relação com o semelhante, mas não sei se isso excluiria que seja um escabelo do desejo e do gozo. Pois o meio do escabelo varia conforme seja narcisismo da imagem, narcisismo do desejo ou narcisismo do sintoma. Será que conhecemos místicos que não deram a saber isso? Não, por definição. Os místicos são sujeitos que, de um modo ou de outro, seja por sua coletividade ou porque escrevem, fazem saber sua relação ardente com o Outro. Por outro lado, trata-se de uma forma de escabelo que exclui o eu [*moi*], sem dúvida.

Jessica Tran The: A senhora poderia precisar a distinção entre o escabelo na psicose e a possibilidade, para o psicótico, de encarnar a exceção, por exemplo, Schreber, que encarna A mulher?

C.S.: Schreber, que não encarna A mulher, mas a mulher de Deus e a mãe da humanidade futura — isso é muito para uma só pessoa —, não é por aí que ele se faz um escabelo. Ele se faz um escabelo escrevendo suas memórias para nós, para o benefício daqueles que poderiam lê-lo em sua época. Ele se faz um escabelo ao se dirigir a uma testemunha, caso contrário não haveria um escabelo Schreber, e ele conseguiu. Freud pegou seu livro. Inicialmente, ele conseguiu, num primeiro tempo, sair do hospital, fazer com que o libertassem etc. Ele conseguiu *post mortem* que Freud se apropriasse de seu caso e que Lacan retransmitisse o caso, e nós com ele. Não é porque ele queria ser a mulher de Deus, o conteúdo do delírio teria sido diferente, teria sido igual. É pelo endereçamento, o escabelo sempre é endereçado.

Entre os místicos, há um duplo endereçamento, o místico é tudo no dom de si a Deus, mas, ao mesmo tempo em que ele está no endereçamento, é por essa razão que talvez não haja mais místicos, porque o misticismo supõe um proselitismo religioso que usa os místicos para tentar apoiar a fé etc.

Martine Menès: Quando dizemos nos discursos que o agente determina a ordem, deve-se entender a ordem com o equívoco: a ordem, a série dos lugares e a ordem dada?

C.S.: A ordem dos discursos é representada pela flecha, os lugares que precedem os termos. Essa é a grande dificuldade nessa construção de Lacan, é que nos fascinamos pelos termos, mas em sua construção, para que haja discurso, é preciso que haja lugares primeiro. Há um lugar, digamos, onde isso comanda ao outro termo, mas não são os lugares que comandam. Todo discurso comporta um comando. Onde isso se vê melhor é no discurso do mestre, sobretudo aquele ilustrado no mundo antigo. Ali, vê-se muito bem os mestres da Antiguidade e os escravos, que trabalham para produzir, como Lacan os chama, mais-de-gozar em liberdade. Não os mais-de-gozar industrializados, os mais-de-gozar produzidos pelo escravo. Ali se vê bem a ordem. Mas no discurso analítico também, o objeto *a* comanda aquilo que supõe que ele seja encarnado. Isso se vê desde a entrada, comanda-se a associação livre, há uma regra que define o discurso. Não é a regra que governava a casa antiga e os escravos, mas ainda assim é uma regra. Para que haja discurso analítico, é preciso que os sujeitos cheguem ao lugar daquele que trabalha na regra da associação livre. Ali se vê bem a dimensão do comando.

Magdelena Bergamine: A senhora tem alguma ideia sobre os tipos de escabelo que estão em jogo nas redes sociais? Trata-se da reprodução da ordem dos laços sociais em uma plataforma virtual ou há uma diferença própria a este mundo?

C.S.: Nas redes sociais há algo paradigmático sobre o escabelo, eles apresentam de forma pura o laço de escabelo. É o cara que cria seu pequeno espaço, que faz alguma palhaçada verbal ou outra e que consegue fabricar para si mesmo uma série de outras que deixam boquiaberto. Essa é a estrutura mínima, um pouco estúpida, do laço de escabelo. A rede favorece muito esse tipo de fenômeno, não o criou, mas dá vazão à aspiração banal ao escabelo, a banalidade do escabelo se espalha pelas redes.

Lucile Mons: Estava me perguntando o que acontecia com o analista. A senhora falou de Lacan e de Freud, mas como criador de uma obra, portanto, em uma certa relação com o nome; para mim, o analista é precisamente aquele que não tem o direito de fazer esse laço com o analisando, um escabelo.

C.S.: É verdade, mas, no entanto, como estava dizendo da última vez, se não houvesse escabelo, não haveria história da psicanálise. A história da psicanálise é uma história, é claro, da teoria, mas que alinha os nomes daqueles que propuseram alguma coisa. Lacan disse que o analista é duplo, há aquele que opera na cura, e não se faz um escabelo sendo analista na cura, isso é absolutamente certo, é até mesmo o contrário. Por outro lado, efetivamente, assim que se trabalha com o saber analítico, com a teoria analítica, bem, pode-se fazer disso um escabelo.

Quando fala Lacan, ao falar de Freud e de si mesmo, diz: "Esses seres dos quais se faz a letra", eles se fizeram um escabelo com isso e, com tudo aquilo que avançaram, eles mereceram isso, digamos. Mas atualmente, como todos os analistas por toda parte se põem a falar, a produzir textos em avalanche, os escabelos dos analistas fora das curas tornam-se muito volumosos para a psicanálise. Há aí um problema que é muito sensível nas associações analíticas, pois as associações também são lugares de fabricação de escabelo.

L.M.: Talvez eles recuperem...

C.S.: Sim, eles compensam o que há de duro na cura analítica, que é o que se pode dizer de mais favorável para eles. Em todo caso, eles não são exceção enquanto pessoa, eles são uma exceção enquanto suporte ao ato analítico.

OITO

15 de março de 2017

Deixo de lado o laço dar-receber e chego à questão de como o corpo intervém nessa "umanização" [*lomélisation*] forçada do UOM.

O ter do corpo

Retomo: UOM tem um corpo, para ter é preciso ser, ele só o tem a partir daí, e ter é poder "fazer alguma coisa com". Obviamente, há outros teres além do corpo — o dinheiro, os bens, as capacidades diversas. Em cada caso, o ter é instrumento, ele é usado como meio. Não necessariamente, no entanto, esse "fazer com" o corpo pode ser suspenso. Essa suspensão possível coloca a questão de sua relação com a repetição, a qual, por si só, não corre o risco de ser suspensa, já que ela faz destino. Em termos de lógica, ela procede do necessário, ela "não cessa de se escrever", de escrever o laço com o objeto da fantasia que determina o encontro falho com o outro. Daí o *a*-muro [*a-mur*], o *a* devendo ser escrito com um traço — mas ainda assim *via* os acasos dos encontros, *tiquê*.

Detenho-me, portanto, novamente naquilo que é ter um corpo. Cada um tem um organismo, isso é óbvio, é em seu nível que se coloca a questão da sobrevivência e da morte, aliás, mas nem todos teriam... corpo, eis a tese. Estamos aí na fronteira entre o organismo, que é da natureza, e o corpo, que é um artefato do discurso. Lacan dedicou a isso muitas explanações, com a ideia inicialmente de que a estrutura "faz o corpo [...] por se incorporar nele"[1]. O corpo, a partir daí, é o organismo desvitalizado, deserto do gozo, separado das "carnes", reduzido aos "insensíveis pedaços" que são os objetos *a* que se desprendem dele. Aliás, os despojos, o cadáver daquilo que já esteve vivo, permanece um corpo e ocupa espaço, problema dos cemitérios. De todos esses desenvolvimentos que estou apenas lembrando, a conferência de que estou falando guarda alguma coisa. Lê-se nela que a "realidade" do corpo vem da "ideia que o faz"; a ideia é imaginário, representação, com referência às ideias, *aidos* de Platão. A ideia do corpo é uma forma e sabemos as paixões que essa forma suscita. Mas é uma forma com furos. Isso é tão verdade que podemos contá-los, e noto que Lacan inicialmente disse *quatro*, o quatro das quatro pulsões parciais, e depois ele diz *dois,* com referência ao bastão e a seus dois furos — boca e ânus —, e ali está a redução aos furos que é necessária somente para a subsistência do ser vivo. Entretanto, a realidade que resulta da ideia, a realidade em 3D, se assim posso dizer, com suas coordenadas fenomenológicas de tempo e de espaço, não é o real. Ora, quando ele diz: "para gozar é preciso um corpo", mesmo que esse gozo seja coordenado com a linguagem e ordenado por ela, a substância do gozar supõe o gozar da vida,

---

[1] LACAN, J. (1970) Radiofonia. In: *Outros escritos*. Tradução de Vera Ribeiro. Rio de Janeiro: Jorge Zahar Editor, 2003, p. 408.

que nada deve ao simbólico, o qual pode ser dito real. O gozo que supõe o corpo não implica, no entanto, uma nova definição do corpo, ele permanece imaginário, ele implica somente a junção desse imaginário com o real. Este último é evocado na conferência sobre Joyce, quando Lacan observa que, se o homem tem um corpo, é pelo corpo que o mantemos, referência ao *habeas corpus* inglês e à história que realmente se faz somente pelos "deportados", os corpos deportados. Deixo esses desdobramentos de lado. Então, o efeito de linguagem, ou seja, o advento do corte que se aplica a todos os falantes, incluindo a psicose, Lacan o precisou, é principalmente o corte do objeto *a*, uma espécie de incisão forçada, ou melhor, de excisão feita no gozo da vida. Emprego este termo, excisão, reservado às práticas sobre as mulheres, em vez do termo "subtração", que é mais familiar para nós, porque este termo e esta prática mostram que, para as mulheres, as civilizações nem sempre confiam no simbólico no que diz respeito à redução de seu gozo vivente, prefere-se o bisturi, que é mais concreto! Quanto à diferença psicose/neurose, ela foi pensada inicialmente no seminário 3 e em "De uma questão preliminar" como um defeito da castração de gozo no psicótico. Mas Lacan revisou sua tese, explicitamente, quando diz que S barrado, $ e objeto *a* se aplicam à psicose. Isso significa que o efeito excisão produzido pela linguagem é para todos. Naquilo que ele chama de psicose ou paranoia, mas não no sentido da psiquiatria, a simbolização primordial pelo *Fort Da*, sobre a qual é construída a metáfora paterna, está assegurada e, com essa simbolização, as condições primárias da busca por escabelo. Que elas não faltam na psicose é também uma evidência clínica. De fato, Lacan diz a psicose, a paranoia, mas ele distingue o chamado esquizofrênico, para quem, dizia ele, "todo o simbólico é real", o que quer dizer justamente que o simbólico não produz o efeito de negativação que gera o primeiro significante do Outro, sobre o qual ele construiu a metáfora paterna e que ele escreve *DM*. Assim sendo, do efeito da linguagem resta apenas o efeito de esquize, próprio aos elementos diferenciais da língua, com, para o sujeito, a ruptura de sua cadeia e sua deriva possível nas línguas. É isso que inspirou Deleuze e Guattari, os quais, no contexto da época, julgaram reconhecer nessa deriva um exemplo de liberdade política. Seja como for, um simbolismo reduzido aos esquizes da língua anda de mãos dadas com aquilo que se chama de "deslocalização" do gozo. O termo *deslocalização* se referindo ao imaginário, à ideia do corpo com suas zonas erógenas oriundas do dizer da demanda.

Na etapa seguinte, temos outra distinção psicose/neurose. Ele se coloca não no nível do efeito primário da *alíngua,* mas da posição do sujeito no discurso, isto é, no laço social, a psicose sendo dita "fora de discurso". Faltou, creio eu, mensurar, e eu mesma levei muito tempo para fazê-lo, o peso dessa afirmação que tentei explicar no último encontro e que postula que, por causa do fora de discurso, o psicótico está longe de ser somente uma figura de rebotalho, segregado nos hospitais desde Pinel, às vezes para sua própria proteção inclusive, ele "entra (também) como mestre" na cidade do discurso. É que, por não estar apalavrado, ele não é aquilo que chamarei de tolo do mais-de-gozar de massa, e consegue impor ainda mais ou fazer difundir seus próprios gostos. Os exemplos seriam múltiplos, sem falar do gosto pelas *piadas* [*jokes*] fora de sentido que Joyce popularizou, no fundo; penso, em um registro completamente diferente, em Jean-Jacques Rousseau e em tudo o que ele inovou e, por exemplo, em seu amor pela caminhada e pela natureza, que até então era algo totalmente estranho às classes nobres e cultas. Sem esta tese do psicótico entrando como "mestre na cidade do discurso", o que não quer dizer que ele é um mestre, mas antes, que ele aí entra como não assujeitado às regulações coletivizantes dos mais-de-gozar, sem essa tese, portanto, como compreender o papel eminente e patente de tantos psicóticos na civilização? Digo patente, mas exceto para aqueles que pensam que o sucesso social exclui a psicose e que esta se limita ao lado daqueles que estão em déficit de integração — o que é uma petição de princípio, além de bastante segregativa.

Falar com seu corpo ou não

Já podemos concluir que se ter um corpo é "fazer algo com" no laço social e usá-lo para o escabelo, o oposto, não ter um corpo, será "não fazer nada com", não usá-lo, portanto, para este laço. No entanto, não percamos de vista a outra fórmula, correlativa, ainda mais essencial, cito, é preciso sustentar que UOM "fala com seu corpo", é no sentido de meio. Eis a primeira coisa que ele faz com, ele fala. Em outras palavras, outra expressão, "ele falasser [*parlêtre*] de natureza", o que quer dizer que sua natureza própria é "falasser" [*parlêtre*]. É preciso manter juntas as duas principais afirmações dessa conferência: quando se tem, se faz todos os outros pagarem seu dízimo no laço dar-receber, e é isso que desenvolvi até aqui, mas se tem porque se fala com ele. Chego, portanto, a essa questão do falar com o corpo. A melhor demonstração que pode ser feita disso é por meio da negativa, recorrendo a Joyce, o qual não fala com seu corpo, essa é a tese.

Em que se pode dizer que Joyce não fala com seu corpo, que ele não faz pagar o dízimo — o que Lacan propõe afirmando que ele faz "tão barato seu próprio corpo"? Lacan ilustra o "sem corpo" de Joyce com a surra ocorrida em sua relação com "todos os outros", aqui todos aqueles do grupo de amigos da escola, mas há muitos outros indícios, como tive a oportunidade de mostrar. É nesse momento preciso que o pequeno James faz claramente "tão barato seu próprio corpo". Esse "tão barato" é relativo àqueles que, pelo contrário, o fazem pagar caro. O que isso quer dizer? Eles atacaram seu corpo em uma patente pulsão de agressão, mas sua indiferença, em contrapartida, ou melhor, a evanescência de sua raiva, é um sinal de sua relação com o semelhante. O próprio Joyce apresenta essa evanescência como sofrida, como algo que lhe acontece e que o surpreende aliás, o mesmo também com a ausência das paixões adolescentes ou adultas, políticas e outras das quais ele dá testemunho. Não há nada em seu texto que evoque neste ponto uma escolha subjetiva, mas, antes, a surpresa de um enigma que ele tenta decifrar em *O retrato do artista*. Trata-se de uma deficiência vivida daquilo que posso chamar de narcisismo corporal, uma vez que a raiva é um afeto, *efeito* [*effect*] portanto, que só pode ser indicativo de uma posição subjetiva implícita, a saber, que James está longe de considerar que atacar seu corpo é atacar a si mesmo. Pisa-se em seu pé, mas, no fundo, isso não lhe diz respeito. Vai-se aí dizer que ele não está identificado com o corpo dele? Em todo caso, é como se o fundamento corporal do narcisismo lhe falhasse. No fundo, mais precisamente, falar com o corpo é se fazer representar por seu próprio corpo, e é isso que o pequeno James não faz. Está-se aí em um esquema inverso daquele que todos conhecemos por experiência e que também se espalha, aliás, nas telas de todos os filmes policiais e *westerns* clássicos, com o caso do personagem bom, digamos, o bonzinho, que não é do bando de brutos e que, apesar de todas as suas boas intenções, quando se vê agredido, com seus próximos, pelos malvados, finalmente mostra seus músculos e geralmente dobra seu prestígio com os espectadores, dando-lhes uma sova. Para o pequeno James, ao contrário, aqueles que lhe surraram não terão quase nada a pagar, nem autodefesa e sequer retaliação, aí está o "tão barato", e eles continuarão sendo seus amigos. É o mesmo que dizer que não é por meio de seu corpo que ele procura se distinguir entre eles. No entanto, ele procura fazer um lugar de prestígio para si na trupe de meninos, mas somente por suas posições literárias, suas opiniões sobre a poesia, aquelas que, justamente, desencadearam o litígio e depois a surra, já, portanto, como... artista. Não ter corpo aqui é, então, uma coisa bastante precisa. Tem-se um corpo quando ele é usado para se fazer representar, quando se faz com que ele contribua para a sua própria afirmação narcísica, contribua, pois, para o escabelo identitário, em outras palavras, contribua com aquilo que chamo de narci-falicismo do UOM.

Não é com o seu corpo que Joyce faz isso, ninguém pode contestar, no nível do laço com os outros, carregado por seu nome, ele não faz nada de seu corpo. Pelo contrário, ilustra, de acordo com o que pude mostrar, um falicismo que não passa pelo corpo, nem por sua imagem, nem por suas capacidades, que é desenodado do imaginário do corpo e que deve ser inscrito somente entre simbólico e real, pois ele só joga com o verbo e, no final, com os Uns da moterialidade [*motérialité*] fora de sentido em *Finnegans Wake*. Por outro lado, é preciso salientar que Joyce não deixa a desejar no que diz respeito à sobrevivência do corpo, tampouco com relação ao corpo erótico. O erotismo não estava especialmente em falta nele, mesmo que seu desejo por Nora passasse mais pela imaginação do que pela presença, como vemos em suas cartas. Também não há traços, aparentemente, dessa "desordem na junção mais íntima do sentimento de vida"[2] que Lacan diagnosticou para a psicose. Ademais, ele, justamente, faz Joyce pagar um dízimo, embora não seja por seu corpo. Aqueles que pagam o dízimo são obviamente os leitores. Eles não pagam em reserva de trigo ou óbolo para o clero, obviamente, mas em interesse indefectível. Joyce sonhava até mesmo com um insone leitor ideal, que passaria seu tempo lendo-o. E o que ele dá em troca? Nem a terra nem a promessa de salvação, o quê? Joyce dá o que tem — não se está no domínio do amor, onde se dá a sua falta — e aquilo que ele tem não está ao alcance de todo mundo, é, de acordo com Lacan, "o dizer magistral". Não somente ele o tem, mas, cito, ele "queria nada ter, exceto o escabelo do dizer magistral"[3].

---

[2]LACAN, J. (1959) De uma questão preliminar a todo tratamento possível da psicose. In: *Escritos*. Tradução de Vera Ribeiro. Rio de Janeiro: Zahar, 1998, p. 565.
[3]LACAN, J. (1975) Joyce, o Sintoma. In: Outros escritos. Tradução de Vera Ribeiro. Rio de Janeiro: Zahar, 2003, p. 563.

Aí se vê que isso não se apresenta, ao menos se acompanharmos Lacan, como um destino, mas como uma vontade, "ele nada queria ter, exceto". O dizer magistral é um outro meio, o qual é uma habilidade que ele escolhe mais do que o corpo, esse corpo do qual ele faz algo "tão barato". E o dizer magistral, por definição, nem se discute nem convoca a réplica. Ressalto essa observação de Lacan sobre o querer de Joyce, pois ela é essencial para marcar a fronteira, sempre presente para o falante, entre aquilo que depende da opção subjetiva e aquilo que a linguagem impõe e que faz, portanto, destino. À primeira vista, essa ideia de um querer, logo, de escolha, introduz uma nuance muito diferente da que foi extraída do seminário *O sinthoma*. A noção de "lapso do nó", introduzida no final do seminário, com cautela, aliás, pois Lacan diz: me veio à cabeça a ideia de que..., essa noção, portanto, que implica o não uso do corpo imaginário é geralmente lida e pensada como uma deficiência estrutural, índice de psicose, e que, em todo caso, excluiria a ideia de uma escolha, de uma opção subjetiva. Bem... se olharmos aí duas vezes, essa leitura não vem do fato de que esquecemos de onde vem o possível lapso ou não lapso de um nó, qualquer que ele seja? O nó provém do Um-dizer [*Un-dire*] *sinthoma*, quarta consistência e que é aquilo que faz nó, borromeano ou não, que determina o tipo de nó, mas que esse Um-dizer, por sua vez, não procede da estrutura, mas da contingência, da opção existencial. Eis algo que parece bem difícil de integrar para todos aqueles que só esqueceram o "que se diga fica esquecido [...]". E se não o esquecemos, é preciso considerar que o "abandono" [*laisser tomber*] do corpo próprio convoca a obscura decisão de ser, pois não é nenhum Outro que o abandona, é o sujeito suposto ao dizer que não faz uso de seu corpo. Por outro lado, o uso que Joyce faz do dizer magistral é ilustrado desde sua juventude pelo nome que ele dá a si mesmo, assim como a "asserção de certeza antecipada", o artista, que ele em seguida percebe, por meio da força de trabalho do artífice que ele foi, produzindo o gozo fascinante de uma arte-dizer [*art-dire*] cujo único instrumento é sua prática singular da escrita.

Concluo sobre Joyce. Joyce teria falado no discurso da civilização não com seu corpo, mas com a sua arte-dizer magistral, e isto, ao contrário da maioria, pois a forma mais banalizada, a mais comum e também a mais fácil do fazer com o corpo é falar com ele como se escreve com uma pena. Ele também poderia dizer, portanto, em mim mais do que eu, assim como o proletário poderia dizer em mim mais do que eu, minha força de trabalho, e o homem da ordem mendicante, em mim mais do que eu, a promessa de redenção etc. É dar-receber, como disse, nesse laço de escabelo. Só que é preciso que "todos os outros" aceitem o valor daquilo que lhes é oferecido quando são algo diferente dos bens tangíveis — comida e dinheiro — necessários para a sobrevivência ou dos mais-de-gozar programados de um discurso. O escabelo deve encontrar seu público, como se diz para os artistas.

Uma observação sobre o analista. Quando Lacan precisa que para o analista, assim como para o santo, há a "castração do escabelo", é uma forma de dizer que entre analista e analisando não se está no registro do dar--receber, cada um contribui certamente, mas em uma disparidade radical, e aquilo que o analista dá não está na relação preço-qualidade cara ao consumidor, e isso se tornou uma dificuldade hoje, pois na maioria das vezes os analistas estão tão pouco confiantes [*assurés*] em seu próprio discurso que ficam totalmente desconcertados quando alguém lhes interpela sobre aquilo que dão em troca de seus honorários.

Prossigo com o corpo falante, uma vez que a maioria fala com seu corpo. Sim, mas como? O que chamamos de falar com seu corpo? Temo que haja aí um grande mal-entendido devido ao fato de que o tema é conhecido e antigo. Diderot já não evocava "joias indiscretas" para designar os órgãos femininos? Muitos sujeitos hoje, a partir do momento em que têm algumas feridas corporais, interpretam-nas. Fazem, portanto, como se seus corpos falassem, mas será que isso significa que o corpo deles fala? Não tenho certeza, é o sujeito que fala, que faz pretexto de seu corpo para falar, e de si mesmo como sujeito. Os clínicos gerais, que recebem os clamores da época, não podem ignorar isso.

O inconsciente "cabeça de bagre"[4]

Mas, para Lacan, a quem devemos essas expressões, o que fala com o corpo é o inconsciente, não o sujeito que lhe conta sua pequena história. Já em *Mais, ainda* ele havia notado essa frase, com a qual fizemos o tema de um Encontro Internacional dos Fóruns do Campo

---

[4]Nota do tradutor: Em francês, *tête de lard*, expressão que poderia ser traduzida como "cabeça de bagre", ou seja, indivíduo bobo, tolo ou idiota. No entanto, a palavra *lard* (bacon, em francês) é homófona de *l'art* (arte), equívoco explorado por Lacan e retomado pela autora na sequência.

Lacaniano em 2010, "o inconsciente é o real, é o mistério do corpo falante"⁵. Alguns anos mais tarde, nesta conferência, ele persiste, renomeia o inconsciente freudiano com outro substantivo, "falasser", e insiste, UOM "falasser por natureza". É o mesmo que dizer que não se trata da fala de blablá emitida pelos sujeitos e sua verdade sempre mentirosa, mas dos significantes gozados do inconsciente, significantes que assombram sua fala, decerto, mas sem que ele saiba, que são eles mesmos que se manifestam como sintomas que são decifrados, e quem são aqueles que realmente o representam.

Assim, desse "ele falasser por natureza", de uma forma que levei um bom tempo para entender, ele passa para considerações sobre a natureza da arte, afirmando que UOM surge como "cabeça da arte"⁶. Surpresa, pois, mas é lógico, contudo. O inconsciente inscrito "em letras de carne", como ele dizia no início, desnatura seu gozo, aquele que seria o único do organismo. Sua natureza no UOM é a desnaturação sintomática por meio da linguagem. O natural da natureza animal sendo, pois, perdido, o UOM, cito, "apenas a toca [a natureza] enquanto sintoma"⁷, o sintoma que é sua natureza de desnaturado. Portanto, concluo, o inconsciente-falasser faz aquilo que posso escrever com um hífen, UOM-sintoma. E Lacan procede, a partir daí, a uma colocação em continuidade da

---

⁵LACAN, J. (1972-1973) *O seminário, livro 20: mais, ainda*. Tradução de M. D. Magno. Rio de Janeiro: Zahar, 1985, 2ª edição, p. 178, aula de 15 de maio de 1973, tradução modificada.
⁶LACAN, J. (1975) Joyce, o Sintoma. In: *Outros escritos*. Tradução de Vera Ribeiro. Rio de Janeiro: Jorge Zahar Editor, 2003, p. 563.
⁷*Ibid.*

arte dos artistas e dos artifícios de linguagem do inconsciente, que produzem o sintoma. Podemos dizer, então, que a arte primeira é a do sintoma, ou que o inconsciente é o primeiro artífice, e que as artes dos artistas apenas tomam seu lugar. Isso, obviamente, só se compreende se nos lembrarmos bem de que o sintoma é feito pelos significantes gozados do inconsciente, o qual teve início nos acidentes da história infantil. Assim, a expressão é finalmente esclarecida: UOM surge como "a cabeça da arte". Equívoco entre, por um lado, estar no topo da arte [*en tête de l'art*], é o sintoma que está no topo, seu artifício sendo o primeiro artista, e por outro lado, uma "cabeça de bagre" [*tête de lard*], como se diz de quem tropeça, que arcobota [*arc-boute*], que "arco-tropeça" [*s'arc-bute*] em seu próprio gozo sintoma a ponto de conhecer apenas ele. Em seguida, vem, no final do parágrafo de que estou falando, o questionamento sobre o artifício próprio de Joyce, o sintoma. Até que ponto Joyce instigou seu artifício, pergunta Lacan, o seu próprio? Ele responde: não até se abster do escabelo, o que seria próprio ao santo que Lacan define, assim como ao analista, como aquele que não tem o desejo do escabelo, mas da "escapada" fora do desejo geral do escabelo. Joyce, por outro lado, não chega a ser, cito, "um santo homem até não ter mais *p/* peidar [*p'ter*]"[8]. Ouve-se aí há o *péter* [peidar], de *péter plus haut que son cul*[9], mas também o *p* e *t* do sintoma

---

[8] *Ibid*, tradução modificada.
[9] Nota do tradutor: Literalmente, "peidar mais alto que seu cu". Em francês, a expressão faz alusão a alguém muito pretensioso, que se acha demais, algo como "comer sardinha e arrotar caviar".

[*symptôme*]. Joyce, é ele quem nos diz, que, como todo mundo, continua a peidar [*p'ter*] orgulhartemente [*art-gueilleusement*]. Ele não é, pois, um santo.

Por outro lado, segundo Lacan, por meio de sua arte, ele faz surgir a cabeça de um santo, chamado Bloom, que para Lacan não é um pai, mas um santo, ele escreve isso com todas as letras: "Bloom é um santo". Tese que deixo em suspenso porque ela está fora de minha proposta, mas, ainda assim, ela levaria a repensar aquilo que Lacan entende quando fala do santo. Porque o Bloom com quem se cruza nas ruas de Dublin e preocupado em, um pouco estupidamente, fazer rir as mulheres não é exatamente o retrato habitual do santo. Esclarecer esse ponto pode não ser inútil para compreender o que ele diz do psicanalista em seu relatório sobre "O ato". Cito: "Quem entenderá [...] de onde virá a ser substituído amanhã o psicanalista, bem como aquilo que na história fez as vezes dele?"[10]. Lacan tinha, então, uma ideia daquilo que vai substituir o psicanalista, e ele constrói uma série: o santo no passado, o psicanalista ao menos até 1969, data do relatório, e... aquele que vai sucedê-lo. O que é?

Havia colocado essa questão há muito tempo a alguns colegas entre os mais versados na leitura de Lacan, mas nenhum deles parecia ter a menor ideia da resposta e, além disso, nenhum deles havia se colocado a questão. Ainda não tenho a resposta, mas ainda assim avancei um pouco, me apoiando em uma precisão dada por Lacan. Ele indica que a resposta encontra-se claramente nas linhas

---

[10] LACAN, J. (1969) O ato psicanalítico. In: *Outros escritos*. Tradução de Vera Ribeiro. Rio de Janeiro: Jorge Zahar Editor, 2003, p. 378.

que imediatamente precederam, e/ou endossam, a ideia de que, no caso do Homem dos Ratos, Freud ficou como um "rato encurralado" [*fait comme un rat*]. A expressão em francês significa ficar preso, se deixar passar a perna. É uma forma de dizer que o psicanalista, longe de se fazer um escabelo, digamos, "se deixa levar" [*se laisse faire*], para permanecer na mesma linha semântica, que no fundo ele se presta a ser, de certa forma, inspecionado pelo sintoma do outro, digamos, a se incluir no sintoma. Isso não me diz, ainda assim, qual é a figura que irá encarnar uma operação homóloga no futuro.

DISCUSSÃO

Marjolaine Hatzfeld: Aqueles que "na história o levaram em conta", a quem Lacan se refere?

C.S.: Aos santos. Lacan não especifica isso neste relatório, mas essa é uma tese que ele explicitou claramente, sobretudo em "Televisão". Nas duas páginas dedicadas ao santo que faz descaridade [*décharité*], que fez descaridade, antes do psicanalista. Por quê? Porque nas poucas explanações sobre este assunto, Lacan tem a ideia de que os santos, durante sua vida, não são santos aureolados, eles estão sempre em vias alternativas [*voies de traverse*], fora da via canônica prescrita pela Igreja. Um desejo, no fundo, de escapada com relação à grande estrada canônica, que beira a heresia. Como o psicanalista é o avesso do discurso dominante, o santo foi o inverso da ortodoxia, não tem mistério. O que é muito mais misterioso é essa espécie de predição que o psicanalista, o que se chama de psicanalista, Lacan prevê seu desaparecimento, mas também a substituição por... aquilo que vai sucedê-lo. E ele escreveu, não é uma improvisação.

Naïs Bastide: Um "dizer magistral": por que magistral, o que isso quer dizer? Será que isso é específico a Joyce, ou dizer tudo não é algo que não se discute, que não conclama a réplica, que, portanto, é magistral? Ou será que tem a ver com o ego?

C.S.: Eu me coloquei esta questão. Um dizer, de fato, é sempre categórico no sentido de que ele existe ou não. Mas ele não é necessariamente magistral. Pode-se dizer que o Um dizer de cada sujeito é categórico — embora categórico se aplique a proposições, ao passo que o ato de dizer não é proposicional —, digamos que ele seja posicional, o dizer é posicional do nó entre R, S e I próprio a cada sujeito. Nesse sentido, ele é indiscutível, não se pode dizer para ele: não, não, isso não é o dizer certo. Pode-se discutir aquilo que se enuncia, discutir as propostas, mas não o dizer em si. Isso não chega, no entanto, a nos fazer imaginar que dizer tudo é magistral porque, ainda assim, na noção de dizer magistral, parece-me que isso implica o outro, os outros; não é um dizer só, o dizer de um todo só, é o dizer do um não sem os outros em relação àqueles que se colocam como mestres por meio de um dizer magistral que ele pretende fazer aceitar bem . Isso está muito mais ligado com o escabelo do que com o um dizer de cada um.

NB: Isso me faz pensar no magister. Não há uma ligação disso com o discurso universitário? Joyce também se inscreve no DU.

C.S.: Sim, o professor está em posição de dizer magistral, com a diferença de que Joyce não ensina nada. No DU, pode-se falar de um dizer magistral, mas trata-se de um dizer que veicula um saber que já está lá, que colocamos no lugar do semblante. Ao passo que Joyce não veicula nada assim.

Lucile Cognard: A senhora disse que a tese de Lacan é a de que o nó vem de um dizer sinthoma; borromeano ou não? Essa é a ideia de que poderia haver dois ligados por um terceiro?

C.S.: Não estou discutindo todos os tipos de nó que Lacan examinou ou não, porque eles são numerosos, creio eu. Estava pensando simplesmente no próprio Joyce, em que há um nó entre S e R.

Sobre esse uso clínico dos nós borromeanos, tenho muitas reservas, porque Lacan procurou, mas não encontrou. Ainda assim, é isso que se impõe quando se acompanha o final de sua trajetória. Ela parou, talvez pudesse ter ido mais longe, mas não podemos elucubrar sobre isso. Quando ele diz, por exemplo, que a psicose tem três nós enodados entre si, mas também, outra lição, que é o nó de trevo, compreende-se que ele procura usar o nó como instrumento de pesquisa clínica, mas ele não dogmatizou.

Evangelina Planas: Será que, no caso de Joyce, o sinthoma que ele cria para si por meio de seu artifício faz função de dizer, será que poderíamos dizer que é o quarto nó que enoda os outros três registros?

C.S.: O *sinthoma* em Joyce é "*l'art dire*" [arte-dizer], essa é uma tese explícita de Lacan no seminário *O sinthoma, l'art dire* que ele escreve no final do seminário como o ego, uma mudança do ego, que faz 4º, um 4º um pouco particular, meio bizarro, mas que restitui um nó de 3.

Lacan esperou e utilizou o nó borromeano para encontrar novos vislumbres clínicos. Por isso, usar o nó borromeano para ilustrar aquilo que já se sabe não tem nenhum interesse, a meu ver. Se é para entrar no nó borromeano, uma clínica já pensada na clínica estrutural do significante e do discurso, isso é inútil. O nó serve, neste caso preciso, se iluminar alguns novos fenômenos. Por exemplo, quando Lacan situa certos fenômenos específicos para Joyce, sua escrita, suas epifanias, por meio de um nó de 2, ou quando ele fala da "doença da mentalidade", aqui também é uma ideia nova, correlativa da ideia de um enodamento possível entre apenas Imaginário e Simbólico, isso é algo novo.

[Questão]: O psicanalista deve se deixar levar [se laisser faire], ao mesmo tempo em que orienta. É bem complicado, será que isso é inconsciente? Será que é compatível?

C.S: Sustento a frase "se deixar" levar [*se laisser faire*] para comentar sua posição de objeto *a*, pois não se trata de seu próprio objeto, trata-se do objeto analisante. O analista se faz pelo objeto analisante. Para que ele seja investido como analista, basta que o analisando o invista como objeto. Ainda é necessário que ele se deixe levar porque, esse é todo o problema das entradas em análise, se aquele que é consultado responde nos termos do comum, ele pode impedir a entrada daquele que quer ser analisando. Portanto, a noção de "se deixar levar" está muito presente em muitas das expressões de Lacan, e também quando, no final, ele diz, ele se faz... consumir. Há toda uma série de expressões que indicam que o analista não somente está à disposição do analisando, mas ele se dobra.

Isso parece contraditório, com expressões como "direção da cura", dever de interpretar e ato analítico, mas não é incompatível. A direção da cura desde a entrada em análise é sensível. A questão é saber como se responde a alguém que vem lhe pedir para não fazer uma análise, mesmo nos poucos casos em que o sujeito diz que quer fazer uma análise, em geral aquilo que ele demanda é para melhorar. Em todo caso, está-se lidando com uma demanda terapêutica. Dependendo da resposta, ele pode permanecer apenas na demanda terapêutica. Trata-se de um não agir positivo, ou de um silêncio positivo.

Filippo Dellanoce: A senhora muitas vezes enfatiza todas as mudanças de acordo com a "Questão preliminar", então, me pergunto, na universidade fala-se de psicose de acordo com "A questão preliminar...".

C.S.: Sim, eu sei. Isso quer dizer que nem todo mundo lê Lacan no sentido de ter integrado aquilo que ele desenvolve. É um percurso muito difícil. O que ele desenvolveu no início, que demandou muitos anos para ser assimilado, criou um instrumento de renovação clínica, da prática, notável, e certamente alguns pararam por aí, e até disseram isso explicitamente. Maud Mannoni, por exemplo: Lacan era ótimo até 1965, depois ficou muito complicado.

F.D.: É surpreendente tudo isso; na universidade, estamos destinados a produzir um saber novo, mesmo na comunidade lacaniana em sentido geral, pelo menos na França ...

C.S.: Há tempos que a universidade não produz algo novo. O saber no lugar do semblante é o oposto da produção de saber. Mesmo aqueles que produziram algo novo na França nos anos 1970 estão todos à margem da universidade: Foucault, Lévi-Strauss... A universidade produz trabalho, teses, escrita, mas o novo, onde esperá-lo?

F.D.: Para aqueles que estão iniciando no ensino de Lacan, que não o conheceram etc., é preciso fazer uma escolha.

C.S.: É preciso que justamente eles compreendam por que há mudanças que intervêm. Não basta listar as etapas. Se compreendermos por que há mudanças, não há escolha a fazer. Se compreendermos por que, em determinada data, Lacan integra um elemento que não estava ali anteriormente, não é uma escolha. O começo não cai no esquecimento. Não creio que seja preciso escolher, mas elucidar o passo a passo. Há uma orientação de trabalho em Lacan, uma opção que não se move, que é a de questionar tanto a clínica quanto a psicanálise, e depois há, a todo momento, aquilo que ele elaborou para dar conta disso, e isso se move em função daquilo que permanece fora de alcance em cada etapa.

[Questão]: Nossa história só foi feita realmente pelos corpos deportados. Não entendo muito bem o que isso significa.

C.S.: "Deportados" quer dizer deportação dos corpos, isso começou com o comércio dos escravos, continua com todos os tipos de imigração voluntária ou coercitiva. Lacan diz que é isso que há de verdadeiro na História, em outras palavras, aquilo que não é ficção histórica. Lacan fala da história dos historiadores. Os historiadores tentam estabelecer a sequência dos acontecimentos, dos dados e encontrar sentido neles. Consequentemente, a História dos historiadores é sempre fictícia, assim como o que se conta sobre sua própria vida é fictício. É por isso que Lacan disse: a verdade tem estrutura de ficção e as ficções são múltiplas, como mostram as polêmicas memoriais de hoje. Mas na vida não há apenas a narrativa, há os corpos. Da mesma forma, na História, não há apenas a narrativa dos historiadores, há os corpos dos indivíduos.

NOVE

31 de março de 2017

Propus que o natural do homem é o sintoma, pois ele fala com seu corpo. Fiz isso a partir de Joyce, que não fala com seu corpo, mas que, ainda assim, não é um santo, devido ao fato de que ele se faz um escabelo orgulhartemente [*art-gueilleusement*].

O sintoma-escabelo

É com o sintoma, ou melhor, *um* sintoma, ou seja, o metabolismo do gozo desnaturado, que cada um se faz um escabelo, é por isso que disse UOM-sintoma, expressão homóloga a Joyce o sintoma, a qual também mostra, aliás, que isso não se faz necessariamente com o corpo. Notem que, até então, o título "Joyce o sintoma" não é completamente explicado. Lacan não diz *sinthoma*, de acordo com o título do seminário que ele dedicou a Joyce, mas sintoma. Por quê? Não elucidei isso em meu livro *Lacan, leitor de Joyce*, apesar das considerações sobre a dupla escrita do termo.

De fato, todo o final da conferência é dedicado à questão dos sintomas, e Lacan acentua ali uma dimensão pouco habitual, em todo caso, que transcende as estruturas clínicas clássicas. É que, no cerne dos UOM-sintomas, dois casos se distinguem conforme o sintoma "a gente o tem" [*l'on l'a*], como se tem seu corpo, ou conforme o sintoma "a gente o é" [*l'on l'est*]. Esse é o caso *de uma* mulher-sintoma, uma vez que Lacan reportou, no campo do sintoma, essa distinção entre sê-lo e tê-lo, a qual ele tinha a princípio aplicado ao falo como significante do desejo. Não é a mesma coisa, o falo é um significante, o sintoma é um acontecimento de gozo. Essa é uma forma, para Lacan, de incluir os laços de corpo nessa problemática, em particular aquele que solda o par sexual e, mais amplamente, os laços com os outros no campo das economias de gozo. Não é por um acontecimento de corpo que Joyce fez um escabelo para si, mas ele se faz "ser um sintoma" pela arte-dizer de *Finnegans Wake*, oferecendo um novo mais-de-gozar literário que, segundo Lacan, põe fim ao velho. Ele "se realiza como sintoma", diz Lacan. É isso que opera seu *work in progress*... É algo diferente de ter um sintoma, o que não impede, aliás, de ter alguns sintomas, muito patentes, e quando os temos, podemos rejeitá-los, tentar tratá-los, ou eventualmente assumi-los.

Com este ser sintoma de Joyce, Lacan estabelece aparentemente uma homologia com a posição daquilo que ele chamou de *uma* mulher, da qual ele diz, em *RSI*, que ela é sintoma para um homem. Na conferência, ele retoma e precisa isso, dizendo mais geralmente que os "indivíduos", e o indivíduo implica o corpo, "podem não ser nada além de sintomas, eles próprios, em relação a outros corpos. Uma mulher, por exemplo, é sintoma de um outro corpo", página 565 de *Outros escritos*.

Com isso, não há como colocar Joyce na conta do empuxo-à-mulher schreberiano, uma vez que seu escabelo-sintoma exclui o corpo a corpo.

Contudo, há uma outra estrutura sintomática que faz laço sem exigir o corpo a corpo, e é a da histeria, com sua "greve" do corpo. A histeria é, cito novamente a conferência, "para UOM (com três letras) se interessar pelo sintoma do outro como tal: o que não exige o corpo a corpo. O caso de Sócrates o confirma exemplarmente". E cabe a Lacan afirmar que o homem, em matéria de histeria, tem "superioridade" sobre a mulher, desenvolvi isso amplamente. Então Joyce seria histérico como Sócrates? Não, pois o sintoma do outro é-lhe totalmente indiferente. Nem mulher, nem histérica; qual é, então, seu lugar específico? Ele quis, segundo Lacan, "se realizar" como sintoma por meio do arte-dizer magistral de seu gozo enigmático. Homologia, portanto, com uma mulher em relação ao *ser* sintoma, mas diferença principal, entretanto, ele não põe o corpo ali. Homologia também com a histeria, logo, poder-se-ia dizer dele, como Lacan diz da histeria em *Mais, ainda*, que ele está fora do sexo, mas, diferença, tudo indica que ele não se interessa ou não se interessa pelo sintoma do outro. É isso que ele mesmo identificou, assim como todos os seus amigos, como seu "egoísmo". Ele oferece, antes, seu gozo da letra como novo sintoma. Um sintoma mais real do que o sintoma literário banal, mais real quer dizer mais resistente ao sentido, ou melhor, gozo-sentido [*joui-sens*]. Ele é um exemplo daquilo que eu indicava sobre essas singularidades que conseguem produzir, impor, de certa forma, novos mais-de-gozar na civilização.

A "vez da reserva"

Isso equivale a dizer não somente que os escabelos são diversos, mas que há aqueles que devemos chamar de tipos de escabelos, assim como há tipos de sintomas, e Lacan acrescenta, para nossa surpresa, que eles já estão listados. Ele fala de "escabelos da reserva"[1]. Que reserva é essa, na qual esses tipos já estão presentes? Essa reserva só pode ser aquela que constitui o inconsciente-falasser, tal como ele indica, aliás. É ele quem preside aos acontecimentos sintomas-padrão, que não precisam ser localizados para estar ali. Já temos os sintomas-padrão do ter, ao lado do UOM, que ele diz ser o lado de "a gente o tem" [*l'on l'a*]. Eis, com efeito, algo de que sabíamos, e há, do lado de uma mulher, um "a gente o é" [*l'on l'est*], que forjo por analogia.

Cuidado com este "a gente o tem", pois não é do falo que se trata, mas do escabelo-sintoma de corpo. Vê-se como, com o passar do tempo, Lacan usou de forma constante essa oposição do ter e do ser. Em 1955, para o falo inicialmente, e ele não o rejeita, ele o retoma de novo em "O aturdito". Mas ele generalizou seu uso. Em *Mais, ainda*, por exemplo, ele aplica isso ao objeto *a*. Ao comentar novamente a famosa cena evocada por Santo Agostinho, da qual já estamos saturados depois da última jornada do Colégio Clínico[2], da criança que ainda não fala, mas, muito pálida, lança um olhar virulento a seu irmão mais novo mamando, o que Lacan diz disso? Ele evoca a criança que tem o objeto [*qui l'a l'objet*] e acrescenta, observação que não foi comentada, mas será que o ter é o ser? Em outras palavras, suspensão da interpretação

---

[1]LACAN, J. (1975) Joyce, o Sintoma. In: *Outros escritos*. Tradução de Vera Ribeiro. Rio de Janeiro: Jorge Zahar Editor, 2003, p. 564.
[2]Nota do tradutor: Referência à *Journée des Collèges de Clinique Psychanalytique 2017: La relation à l'autre: de l'envie et de la jalousie*, realizada em 18 de março de 2017, no Espace Saint-Martin, em Paris.

simplista dessa cena, pois será que a criança invejosa fica mais pálida porque o irmãozinho tem o objeto, o seio, ou porque ele é o objeto daquela que amamenta, que lhe dá o peito, e com a qual ele constitui a imagem de uma espécie de relação anaclítica?

Isso não é tudo, uma outra tipologia se cruza com a do ser e do ter, a dos escabelos que passam pelo corpo ou não. Do lado do UOM, do "a gente o tem" portanto, pode ser com o ter do corpo, ou sem, se for a histeria. Do lado do "a gente o é", é com o corpo, se for uma mulher, ou sem o corpo, se for Joyce. É possível fazer um quadro para visualizar essa distribuição.

	O sintoma	
Com	A gente o tem [*l'on l'a*]	A gente o é [*l'on l'est*]
Pelo corpo	UOM Mãe	Uma mulher
Não pelo corpo	Histeria Joyce	Joyce

É aí que podemos realmente entender por que ele chama "Joyce, o Sintoma" no singular, ou sintomatologia? É como tomar a resposta que ele dá a si mesmo. Isso porque, cito: ao "[...] circunscrever essa reserva e dar a fórmula geral do escabelo, é a isso que chamo de Joyce, o Sintoma"[3].

---

[3]LACAN, J. (1975) Joyce, o Sintoma. In: *Outros escritos*. Tradução de Vera Ribeiro. Rio de Janeiro: Jorge Zahar Editor, 2003, p. 564.

De que maneira Joyce circunscreveu a reserva? Não sei como aqueles que leram essa frase a ouviram, mas eis o que posso dizer sobre ela. Ele circunscreveu, o que quer dizer que ele usou o conjunto dos recursos da reserva. De fato, como UOM, é com o seu ter, com o seu "a gente o tem" do dizer magistral que ele realizou seu *ser* sintoma, portanto é "a gente o é" homólogo, mas não idêntico, ao de uma mulher. Ele faz isso com um ter que não é o do corpo, mas do dizer magistral, fora do sexo, como o da histérica, embora, ao contrário desta, ele não esteja interessado pelo sintoma de corpo do outro. A fórmula geral do escabelo é, portanto, UOM-sintoma, com todas as suas variantes de escabelo-padrão do ser e do ter, do com e sem o corpo, e Joyce usou um pouco de todas as variantes.

Ressalto, além disso, a coerência de Joyce. Sua rejeição ao corpo, sua recusa em se reconhecer no imaginário do corpo, seu "abandono [*laisser tomber*] do corpo próprio", chegam até a se generalizar e recusar tudo aquilo que vem do imaginário, em outras palavras, todo o sentido. Isso está em todas as áreas. Ele recusa, por exemplo, que algo aconteça na história dos historiadores. Porém, a história dos historiadores é aquela que se esforça para captar o sentido dos acontecimentos. E ele recusa também o sentido que começa com a historieta de Édipo, que vai de pai para filho, a qual ele ainda assim rejeita, apesar do amor que tinha por seu pai. E seu exílio, a deportação de seu corpo, prova a seriedade de seu engajamento. E em seguida, claro, sua escolha literária, que vai contra a literatura, vou voltar a isso.

Exemplos clínicos

Se compreendermos bem a tese de Lacan nesta conferência muito tardia, bem, "uma mulher" é aquela cujo sintoma consiste em emprestar seu corpo ao gozo de um outro corpo, e isso combina bem com o esquema que ele deu em *Mais, ainda*. Notemos que isso não implica que ela goze dele e também não exclui que ela seja histérica, pois, se a histeria não necessita do corpo a corpo, ela tampouco o exclui. Com tal definição, compreende-se bem que nem toda mulher é uma dessas. Essa já era a ideia, em outros termos, cada vez que se falava, na psicanálise, da mulher... fálica.

Então com essa aí, com essa Uma mulher, o que acontece com seu escabelo enquanto *uma* mulher? Em outras palavras, há um escabelo propriamente sexual, um escabelo do sexo, independente daquele do social? Dito ainda em outros termos, será que ser uma mulher quer dizer ser o sintoma de um UOM, será que isso é um escabelo, entendendo-se aí que isso não deve ser confundido com ser esposa ou mãe de família? Eis a questão a ser explorada. De fato, fico atrapalhada, porque isso antecipa, e sem asserção de certeza além do mais, o tema que vou trabalhar no ano que vem, a saber, a clínica diferencial entre os sexos. Mas, enfim, não posso tratar nada além das minhas questões atuais...

Há justamente uma "partilha das mulheres", para retomar um título da falecida Gennie Lemoine, conforme se fale de *uma* mulher enquanto tal, na medida em que ela não é toda no falo-narcisismo do ter, que foi por muito tempo reservado aos homens, ou conforme se fale, ao contrário, das mulheres, ou seja, aproximadamente a metade dos falantes e dos escabelos, pelos quais elas podem assegurar para si um lugar específico no laço social. Durante séculos, foi quase exclusivamente o escabelo das mulheres-mães. É claramente com a criança como substituto fálico, bem percebido por Freud, um escabelo que pertence ao tipo de ter que se encaixa no "a gente o tem" do falo-narcisismo do corpo. Poder-se-ia adicioná-lo, portanto, à categoria de UOM. No entanto, trata-se de um escabelo do qual dificilmente se faz um nome, ser mãe, a menos que seja por procuração por meio das façanhas dos filhos — Lacan evocou Cornelia, a mãe dos Gracos —, mas, ainda assim, é mais do que majoritariamente um desses pequenos escabelos minúsculos e domésticos dos quais já falei. Diria um escabelo proletário, uma vez que o proletário não tem "nada para fazer laço social", essa é a definição dada por Lacan, ele não tem nada além de seu corpo, como havia visto Marx, e no caso das mulheres-mães, o corpo da reprodutora, crucial nas questões demográficas, elas próprias cruciais na evolução das sociedades. Ainda a biopolítica!

Da *Uma* em questão, que não é uma mãe, mas *uma* mulher, uma que tem o sintoma mulher, certamente não se dirá que ela não se faz um escabelo, um escabelo do "a gente o é", *uma* mulher. Qual é, então, o dízimo pago e recebido por ser *uma* mulher? Ela vale justamente que haja a retribuição de um dízimo, o qual não parece suficiente para todas, já que há tantas outras mulheres que fazem greve do empréstimo do corpo, ou até mesmo que gritam bem alto quando são tomadas, forçadas. A resposta é dada de antemão: em todos os casos, é a do falo, uma vez que ao se prestar ao gozo de um outro corpo, ela se faliciza, ninguém duvida, tudo atesta isso, ela se vê elevada à categoria do falo, daquilo que falta ao outro, do significante de sua castração. Além disso, às vezes há, de lambuja, se assim posso dizer, o suplemento de seu próprio gozo, "não-todo" ocupado com o homem, e talvez até mesmo de forma alguma.

Pode-se justamente dizer que receber o dízimo daquele de quem ela é sintoma lhe faz um escabelo, mas esse certamente não será um escabelo civilizacional além do seu, entenda-se aí, daqueles dos quais se faz um nome nos "laços sociais estabelecidos", como Lacan diz, aqueles cujo amor é clivado. Lembrei-me de um comentário de Lacan, na época dos anos 1970, em que se elucubrava sobre a criatividade feminina, específica ou não, isso fazia parte das reivindicações femininas do momento, e Lacan dissera melifluamente que não via por que uma mulher precisava ser criativa. Essa afirmação é demasiado ambígua. Podemos colocá-la do lado da condescendência masculina, até mesmo do machismo, ou, ao contrário, ler aí que, para Lacan, ser *uma* mulher é em si um valor, e que basta por si só. É uma forma de dizer, talvez, que o *uma* mulher vale mais do que todos os dízimos da civilização. Lembro uma outra afirmação, que cito de memória: só há mulher excluída pela natureza das coisas, que é a natureza do discurso. Encontramos aí a declaração negativa de Freud, que colocava as mulheres à margem da obra civilizacional, mas com uma nuance invertida, positiva. Esse também é o mesmo pressuposto, creio eu, que faz com que ele diga, a respeito de Nora, a mulher eleita Joyce, que ela não serve para nada, que ela foi profundamente desvalorizada, o que é uma contraevidência se julgarmos isso somente pelo status social. Já que eis uma jovem "boa empregada"[*bonne à tout faire*], como se dizia, em um hotel decadente da Dublin de 1900, além disso inculta, o que não impede que se tenha todos os tipos de boas qualidades pessoais aliás, e ei-la elevada ao status de companheira, mais tardiamente de esposa, de um dos homens mais famosos da literatura do século XX, e também mãe de seus filhos. A desvalorização, se desvalorização houver, é estritamente no nível do escabelo sexual, que é próprio àquilo que Lacan chama de *uma* mulher. E, com efeito, essa mulher, para Joyce, foi muito, poderíamos dizer mulher de coração, mas não de corpo, pois nesse nível ela não foi um acontecimento de corpo para ele.

Isso equivale a dizer que, para Lacan, ressalto isso porque dizemos que somos lacanianos, todas as mulheres de que nos falam, as famosas, ou seja, aquelas que têm nomes de escabelo na civilização, nas ciências, nas artes e outras performances fálico-narcísicas, senão não falaríamos delas, e não há nada a objetar aí; aliás, pode-se até mesmo incentivá-las, Lacan às vezes fazia isso, mas sem dúvida, para ele, não são, vou dizer assim, nomes de... mulheres; quero dizer que são nomes que não as nomeiam como *uma* mulher no nível do escabelo amor, ele as nomeia, mas na medida em que "para todo x phi de x" a que cada um tem direito.

A menos que, outro caso exemplar, se fale dos nomes das mulheres fantasiadas pela literatura, começando com a Gradiva de Jensen, a Beatriz de Dante, a Regina de Kierkegaard, a Ondine de Giraudoux e tantas outras. Dessas aí, gostaríamos ainda assim que os psicanalistas não as confundissem com as mulheres reais, os seres de carne, que não são silhuetas nos livros, que não devem ser confundidas com o real do não-todo. Kierkegaard pelo menos sabia disso, se acreditamos no final do seu texto *A repetição*, em que ele reconhece que a jovem amada era apenas uma imagem fantasiosa que havia totalmente tornado irreal a jovem real. Isso me leva aos escabelos da literatura, da qual vêm todos esses nomes de mulheres sonhadas, cujo romance fabrica para nós o retrato, e talvez nada além disso.

Os escabelos da literatura

Os escabelos da literatura variam conforme o leitor pague pelo sentido, sempre intrinsecamente ligado ao corpo, a seu imaginário e às pulsões parciais que o animam, o sentido que, por isso, move o nosso inconsciente, ou conforme ele pague pela evicção do sentido, pelo gozar do de-sentido [*dé-sens*], o qual, por sua vez, supõe a evicção do corpo, como é o caso com o texto do "desabonado do inconsciente" que Joyce foi. É por isso também que, na literatura de sentido, cada um ali se encontra facilmente, e creio, aliás, que não é de todo certo que Joyce realmente tenha posto um fim nela, como diz Lacan para precisar a posição de Joyce, e marcado onde ela para, dividindo assim o campo literário entre aquilo que é romance e o que não é.

Lacan fixou essa literatura que move nosso inconsciente, contrariamente à de Joyce, no final da conferência, da seguinte forma: "Há alguma coisa a ser furada no papel higiênico em que as letras se destacam, quando toma o cuidado de escrevinhar para a retidão/regência [*rection*] do corpo, para as corpo-regências [*corpo-rections*]"[4].

---

[4]LACAN, J. (1975) Joyce, o Sintoma. In: *Outros escritos*. Tradução de Vera Ribeiro. Rio de Janeiro: Jorge Zahar Editor, 2003, p. 566. Acrescentamos aqui a palavra "retidão" (que não está presente na versão da Zahar), porque é um dos sentidos que a autora desdobra posteriormente.

Há duas afirmações aqui, uma sobre o ato de escrever, a outra sobre aquilo que ele obtém.

Poder-se-ia pensar que a corpo-regência colocaria a literatura no mesmo plano que a educação, a qual zela por uma espécie de correção [*correction*] prolongada do corpo. Mas deve-se notar que Lacan evita ali justamente o termo "correção", que é tão empregado na educação, com os comportamentos corretos com os quais os pais sonham. A retidão [*rection*] vem de *rectus,* reto, que encontramos na postura erguida e na ereção [*érection*].

O que se erige pelo sentido é o corpo libidinal, a partir da deriva das pulsões no sentido. A tese é bem entendida se lembrarmos daquilo que é a metonímia, tal como sua conceitualização está feita em "Radiofonia", ela é "o metabolismo do gozo". Ora, toda narrativa literária, especialmente as mais realistas, opera por meio da metonímia. Um exemplo importante, a orelha da dama que Bel Ami, o personagem de Maupassant, se esforça para cativar, essa orelha só adquire seu valor erótico a partir da transferência metonímica da ostra a ser engolida, ou seja, do objeto oral. E não se pode duvidar de que cada língua transmite todo o vocabulário das diversas pulsões, o que vai do vocabulário íntimo dos amantes aos insultos mais virulentos. Concluo: o sentido que se fabrica entre o simbólico das palavras e o imaginário do corpo é o lugar das pulsões, ele é animado pelas pulsões, e toda a literatura romanesca e realista metonimiza, de fato, o gozo pulsional e, assegura, portanto, a corpo-regência. A partir disso, entende-se que o escrevinhador se mete em suas dobras, isto é, nas dobras de seus próprios gozos.

DISCUSSÃO

Elisabeth Gomez: Em que momento Lacan faz a distinção, a separação entre o corpo e o gozo? O corpo real e o corpo significante?

C.S.: Pode-se dizer que ele fez isso desde o começo com o estádio do espelho. O estádio do espelho é o domínio de uma imagem e, até o fim, com os nós borromeanos, ele diz: o corpo é o imaginário. A hipótese é constante. Em seguida, quando ele começou a elaborar um pouco mais precisamente essa noção de gozo, a diversificá-la, ele passou a falar de substância gozo, e isso não tem nada a ver com o corpo imaginário, o qual, por sua vez, é antes "deserto de gozo". É apenas uma superfície, ele se perde em seu interior, de acordo com uma de suas expressões. A distinção, portanto, existe desde o começo, pois com o gozo ele é obrigado a introduzir algo que não é do corpo imaginário, que é da ordem do vivente, a substância viva. Na verdade, o corpo, imaginário, é uma forma, mas de um organismo vivo. Portanto, há uma junção entre o corpo imaginário e o organismo vivo que é preciso para gozar, e toda a questão é articulá-los.

Nos textos de *Scilicet 1*, "O engano do sujeito suposto saber", vocês encontram esse mesmo tema, a oposição do corpo, deserto de gozo, e aquilo que ele chama de as carnes. E, por exemplo, quando ele comenta as sepulturas antigas, daqueles que tinham escabelos maiúsculos, encontra-se os despojos e, ao redor, toda uma série de pequenos objetos que serviam no uso do corpo vivo, daquilo que ele chama de carne, incluindo aí a subsistência e a reprodução. Portanto, há toda uma série sucessiva de desenvolvimentos em Lacan que são construídos em cima dessa oposição. E no final de *Mais, ainda*, ele situa precisamente esse assunto dizendo: minha hipótese é que o organismo, o indivíduo vivo, é marcado pela linguagem, é transformado por isso e se torna corpo-sujeito de alguma forma.

Daphne Tamarin: [Questão sobre o sintoma decidido]

C.S.: Para Joyce, usei a expressão "sintoma decidido", em todo caso consistente, estável. Estou autorizada por Lacan a dizer "decidido", já que ele mesmo evocou sua vontade. Ele não queria ter nada além de... etc., portanto, um sintoma decidido. Obviamente, há uma homologia com fórmulas que conhecemos melhor, como "desejo decidido", e imaginamos que um desejo decidido é ótimo! Em psicanálise, quando se ouve falar de um desejo decidido, é sempre de forma positiva. O que significa que aquele que fala não olha mais além do que a ponta do nariz, ou seja, de sua própria experiência, pois um desejo decidido pode não ser de todo positivo. Então, por que na psicanálise afirma-se que um desejo decidido é positivo? É porque estamos lidando com a neurose, que se caracteriza justamente por um desejo pouco decidido, instável, duvidoso, problemático. Logo, chegar, no fim da análise, a produzir um desejo decidido em um neurótico é um progresso. Mas há desejos decididos, desejos dos quais poderíamos nos abster na civilização. Deixo-os evocarem diversos exemplos. E, portanto, isso que desenvolvi durante o ano é que desejo decidido e sintoma decidido fazem parte do conceito de narcisismo expandido, que não se define apenas como o amor contemplativo de sua própria imagem, a primeira forma, mas como a afirmação de si mesmo. Isso é o narcisismo, a afirmação prioritária de si mesmo e, por vezes, em detrimento de todos os outros. Nesse sentido, há um narcisismo do gozo, cada um prefere o seu ao dos outros, é isso que dificulta a convivência, porque, na coexistência dos corpos, isso começa com o colega de quarto, se estende do andar ao prédio, ao bairro, à sociedade. O viver junto supõe uma certa compatibilidade dos gozos, dos costumes, dos hábitos etc.

D.T.: O sintoma como um acontecimento de corpo pode implicar uma escolha, assim como "decidido" parece implicar uma escolha?

C.S.: Decidido não implica necessariamente uma escolha, mas uma constante. Aquele que tem um desejo decidido não significa que ele tenha decidido sobre seu desejo. Significa que o seu desejo é firme, ele não vacila, não é um dia e nem o outro, é todos os dias e isso guia. É isso que significa *desejo decidido,* isso designa a constância do objetivo; e, no *sintoma decidido,* é a mesma nuance. Sintoma decidido não significa uma escolha como se escolhe o casaco que se coloca nas costas. Então, relaciono sintoma decidido com um acontecimento de corpo, justamente um *acontecimento* diz que isso não é escolhido, é aquilo que acontece. E aquilo que acontece, por definição, é aquilo que não se escolhe, escolhe-se como se reage, mas não se escolhe o que acontece, pois não estava escrito. Isso é muito importante na psicanálise, em que, apesar de tudo, tem-se bastante dificuldade em se livrar da ideia de que há uma transmissão familiar do sintoma, uma espécie de hereditariedade sintomática. Ora, um "acontecimento" não pode ser hereditário, assim como não é escolhido. É, portanto, toda uma outra ênfase que é dada e que visa, na experiência, a algo diferente da transmissão.

O acontecimento de corpo pode ocorrer de uma forma que você deteste, na forma de sofrimento mais ou menos traumático. Há acontecimentos de corpo que podem não ser desagradáveis; *acontecimento de corpo* não diz a maneira como o sujeito vai vivê-lo. Obviamente, quando se diz *sintoma,* está implicado que há algo de gozo [*de la jouissance*], e o gozo [*la jouissance*] não é necessariamente aquilo que o sujeito está procurando, com certeza. Nada impede, porém, que vocês possam reconhecer o acontecimento de corpo como seu, já que é o seu corpo, trata-se de um acontecimento que ocorre com o corpo que você tem. E quando Lacan diz, no final da análise, o que se pode fazer de melhor é identificar-se com seu sintoma, eis o que isso quer dizer, ao menos reconhecê-lo e dar-lhe suporte e, ao extremo, amá-lo. É esse, enfim, o narcisismo do gozo, porque vocês podem observar concretamente que os sujeitos que reclamam daquilo de que sofrem amam seu próprio sintoma como a si mesmos, como Freud dizia. Isso designa um narcisismo do sintoma de que se sofre, ele é amado como a si mesmo, e quando encontramos um outro, ele eventualmente nos exaspera.

Lucile Cognard: Gostaria de ter um esclarecimento sobre o fato de ser uma mulher-sintoma. A senhora disse: trata-se de uma mulher na medida em que ela entra no corpo a corpo sexual, e acrescentou que isso não é de forma alguma obrigatório? Será que ser uma mulher-sintoma está obrigatoriamente do lado sexual, e não necessariamente sexual? Seria um acontecimento de corpo que está ligado com alguma outra pessoa, que responde a um sintoma do outro, mas que não passa necessariamente pelo coito?

> *C.S.:* Podemos refletir sobre essa questão a partir do texto e da experiência, o que constitui duas fontes diferentes. Quando Lacan diz que uma mulher é sintoma, é um corpo que faz o gozo de um outro corpo, trata-se da relação entre homem/mulher e no coito. Pensa nisso, ainda mais porque, em *RSI*, Lacan precisou, ela é sintoma para um homem, ele não generalizou para um outro corpo, sem precisão. Ele estava falando do casal sexuado centrado no ato sexual, genital hétero, e ele falava ali do ponto de vista do homem, creio eu. Depois, poderíamos nos divertir em fazer variar: um corpo pode ser um sintoma para outros corpos, no plural, então o que esses outros vão dizer? Outros corpos de que sexo? Mas na frase, acho, é mais a isso que ele se refere.

Magdalena Bergamine: Gostaria de voltar ao tema da literatura. Quando a senhora citou a frase de Lacan "só há mulheres excluídas pela natureza das coisas, que é a natureza do discurso", está em Mais, ainda, *parece-me que ele diz algo similar em "Lituraterra", quando liga a feminilidade à letra, à rasura, e depois chega à caligrafia chinesa. Com relação à literatura romanesca que procede dos sentidos, e do outro lado o não sentido de Joyce e a rasura chinesa, entre estas duas áreas poderíamos situar a poesia, que toca nos dois aspectos, o do sentido, mas também da falta de sentido, na ambivalência que não pode ser resolvida. Como a senhora situaria a poesia neste contexto?*

C.S.: Pode-se dizer, não seria insustentável, que a poesia não faz parte da literatura enquanto literatura da narrativa. Lacan tem a melhor fórmula no que diz respeito à poesia, aquela que melhor a situa entre a literatura do de-sentido e a literatura do sentido, é quando ele diz: a poesia é o dizer menos besta. Isso, a meu ver, é assim que entendo, quer dizer que ela não exclui sentido, mas que ela não se contenta com o sentido comum. Ela não se contenta com o sentido da "corpo-regência", introduz um sentido inédito próprio ao poeta que está dizendo. A questão da letra e da mulher é outra questão.

Martine Menès: Volto atrás. Pergunto-me por que Lacan diz que não se deve tomar canalhas em análise. É porque eles têm um escabelo, um desejo decidido de partida, um desejo decidido do qual nos absteríamos?

C.S.: Ele diz isso, mas o problema é saber como diagnosticá-los. Ele, no entanto, acrescentou que seria bom fazer uma triagem eliminando os canalhas, mas infelizmente não temos a peneira necessária para fazer isso e percebemos quando já é tarde demais. Essa é a ideia dele.

O que a palavra "*canalha*" [*canaille*] quer dizer para Lacan? Ele deu uma definição daquilo que chama de um canalha — a palavra *canaille* é feminina [em francês], um fátuo [*fat*] vem sempre no masculino, a língua é curiosa, já que os canalhas estão mais do lado homem —; o que Lacan chama de canalha é alguém que procura dirigir os desejos do lugar do Outro. Alguém que quer fazer o Outro, o lugar onde se forma o desejo daqueles com quem ele tem que lidar. Essa definição é problemática. Em todo caso, ela distancia o canalha do bandido [*voyou*], do bandido, do perigoso, do antissocial etc. Isso faz do canalha uma figura extremamente socializada e imperativa. E estende, por fim, a categoria a tudo aquilo que é educador, porque o próprio dos educadores, e a começar pelos pais, cuja tarefa é natural, é que eles querem orientar o desejo, eles estão no lugar do Outro, de onde se fabrica o desejo dos pequenos outros, da criancinha. E depois deles vêm os serviços sociais e tudo aquilo que se toma pelo Outro da norma ...

Então, com uma categoria tão ampla, a questão torna-se: podemos analisar um "educador"? Coloco educador entre aspas, pois não estou falando dos educadores de profissão, mas daquele que subjetivamente está na posição de educador. E há educadores de profissão que o são muito pouco, que até mesmo sofrem porque não conseguem fazê-lo, e outros que não estão na profissão e que são bem assim.

Magdalena Bergamine: O pai de Schreber?

C.S.: Sim, ele parecia ter a vocação. Então, o que diz Lacan? Que se analisarmos um canalha, nós o tornamos estúpido. Por quê? Tentei várias vezes explicar isso a mim mesma e cheguei ao seguinte: é que uma análise vai lhe revelar que é impossível ser o Outro para qualquer pessoa, que há o inconsciente, significantes do inconsciente, que decidem por aquele que se quer educar. E, portanto, revelaremos a ele a impossibilidade de seu projeto, e isso o tornará estúpido, porque ele corre o risco de se entregar a um ceticismo fácil, à ideia de que nada pode ser feito sobre qualquer coisa, ou seja, ignorar a função dos semblantes da ordem discursiva. Torná-los estúpidos é, portanto, um progresso, sem esperança quanto ao ato.

19 de abril de 2017

Uma escrita, anal

Continuo com o escabelo da literatura metonímica. Como compreender aquilo que Lacan aponta nesta frase, a saber, o caráter escatológico do ato de escrever, do escrever-ato da literatura romanesca? Ao falar do ato de escrever, estamos não no nível do conteúdo das obras, mas daquilo que leva a escrever. É uma distinção homóloga à dos ditos e do dizer. Por que reter somente a dimensão anal daquilo que causa a escrita? É justamente isso que ele faz, no entanto, pois se a folha é papel higiênico, a letra se torna excremento, e o ato, excreção. Não acho que seja somente por causa do equívoco *letter/litter* que vem de Joyce, muitas vezes mencionado por Lacan e que faz da letra um dejeto. É o inverso: o equívoco transcreve na língua o fato de que a letra pode ser dejeto assim como a bosta. É que a bosta, que é o primeiro objeto destacável do corpo, é, ademais, um objeto que, na origem, se destaca da demanda do Outro, bem, essa bosta é o modelo original de todos os objetos destacáveis do falante, todos esses objetos que ele pode "ceder", esse é o termo de Lacan no final de *A angústia*, o objeto é cedível. Esse objeto está, portanto, em jogo na dialética do dar e recusar. É por isso que Lacan, estigmatizando a tese da "oblatividade genital", que esteve em voga na IPA, menciona que se trata de uma fantasia obsessiva, de um sujeito, portanto, atado à problemática retenção/cessão, em termos comuns diríamos avareza/generosidade. Esse objeto cedível adquire também o valor de representar o sujeito de alguma forma. "O que eu sou?" para o Outro senão esse objeto que ele demanda e que eu cedo? É, portanto, o primeiro objeto que se presta a uma identificação, e sabemos que "ser uma merda" é uma expressão comum. Pensem, aliás, no angustiado ante a página em branco. Sua angústia não é sem objeto, ele recua diante daquilo que vai produzir, fenômeno tão frequente e banal quando se trata de escrever, questione-o e ele lhe dirá que ele é a bosta de sua fantasia, nas palavras de Lacan.

Isso obviamente vale apenas para literatura metonímica, aquela que trabalha para o sentido, isto é, para a regência [*rection*] dos corpos, não para a de Joyce. Por quê? A letra pulverulenta da profusão dos equívocos joycianistas mantém apenas a ponta do enigma. Com ela, responder à questão "o que isso quer dizer?" é impossível, um impossível que há um século desafia os intérpretes, que não deixam de fazer disso um desafio à porfia. A literatura romanesca, por sua vez, não é ininterpretável, dito nos termos de Lacan; se lermos bem, poderemos dizer, em cada caso, a que corpo-regência ela se aplica, em outras palavras, qual é a merda particular, a sua própria, que cada um deposita em sua folha higiênica. Daí, não seria inexato dizer que nessa literatura cada um escreve com seu corpo, e a questão do estilo poderia ser formulada da seguinte maneira: ele o tem, ou ela o tem, bem depositado? Tudo isso soa muito irreverente, não é?

Então, hoje essa literatura está longe de terminar, é o contrário, anunciam um entusiasmo generalizado pelo acesso à escrita (ver France Culture, no fim de março) e isso claramente afeta hoje o mundo analítico lacaniano. Não discuto esse gosto, já que gosto não se discute. O que concluo daí é que, para elogiar essa literatura em nome de Lacan, é preciso se referir ao Lacan de antes, porque o dessa segunda conferência, que é seu último grande texto escrito, procede a uma depreciação dessa literatura da forma mais indubitável e em nome não apenas de Joyce, mas da psicanálise. Notem, no entanto, que a poesia, enquanto tal, não faz parte dessa literatura. Estas palavras podem parecer violentas, mas noto que isso é um eco longínquo daquilo que Lacan já havia dito no seminário *A ética da psicanálise* sobre a sublimação. E a literatura não é creditada às sublimações da cultura? Ele já tinha marcado que ela não é nada mais do que o deslocamento da pulsão, sobretudo a anal, ilustrando isso com pequenos pedaços de papel sujos no fundo de um bolso. E em "Radiofonia" ele precisa: "O que a metonímia do linguista atesta está ao alcance de outros que não o psicanalista. Do poeta, por exemplo, que, no pretenso realismo, faz da prosa seu instrumento"[1].

A metonímia do linguista testemunha que esse tropo linguístico, a metonímia, é o veículo — Lacan inicialmente disse do desejo, e depois do gozo. E é nessa linha que ele afirma, nessa segunda conferência sobre Joyce, que a literatura romanesca que visa à corpo-regência, em

---

[1] LACAN, J. (1970) Radiofonia. In: *Outros escritos*. Tradução de Vera Ribeiro. Rio de Janeiro: Jorge Zahar Editor, 2003, p. 417.

outras palavras, no sentido generalizado [*sens reçu*] — como se dizemos *ideia generalizada*[2] — para não dizer o senso comum, bem, ele constrói seus escabelos por meio de uma oferta, digamos, da letra pulsional anal, digo em termos esmerados, e, claro, para cada escrevinhador o seu objeto anal. Falo com meu corpo, revela a psicanálise. Nessa literatura, aquilo que se mostra é que o escritor escreve com seu corpo, mas, de um para o outro, haverá muitas pequenas diferenças particulares.

Veredicto literário

O que então se torna a famosa observação de Lacan dizendo que, do artista, o psicanalista poderia tomar o exemplo. Repete-se muitas vezes isso. Foi dito contra Freud, um grande amante da literatura clássica; Freud acreditou que o escritor precedia o psicanalista na descoberta do inconsciente, do desejo inconsciente, como se do texto literário à associação livre houvesse uma continuidade. Mas não, e Lacan, ele que veio depois do surrealismo, do dadaísmo e de Joyce, enfatizou isso; Jensen não reconheceu sua visada de escritor em *A Gradiva* de Freud. No entanto, "tomar o exemplo" parece bem um elogio — mesmo que se possa supor uma dimensão diplomática no discurso da época. Mas até onde vai esse elogio?

Essa observação ressalta que o psicanalista teria vantagem em tomar como exemplo o escritor, a imitar, portanto, aquilo que ele consegue. Mas, justamente, o que é que

---

[2]Nota do tradutor: Em francês, *idée reçue*, expressão que poderia ser traduzida por preconceito, pré-concepção, crença generalizada, crendice, ideia generalizada.

ele consegue senão convocar gozo-sentido [*joui-sens*] — escrito em duas palavras —, convocá-lo pelo uso da linguagem, convocar, portanto, o gozo pulsional que assombra a metonímia da prosa e que ele oferece como partilha ao seu leitor para sua satisfação? Ora, a própria interpretação visa ao gozo, sempre, um ponto em comum com a literatura, e a observação de Lacan subentende que os psicanalistas nisso são, antes, desiguais. Mas, se tomar o exemplo é conseguir tocar o gozo por meio do significante, assim como o escritor, isso certamente não significa que seja preciso estar a par com sua operação de corpo--regência do corpo, a qual encanta o leitor. Pelo contrário, é o oposto, trata-se de interpretar o gozo-sentido [*jouis-sens*] — novamente em duas palavras — que já está lá com o analisando, de interpretar, portanto, sua corpo--regência particular, bem longe de fabricá-la ou fortalecê--la. O instrumento é o mesmo que o da literatura, o verbo, a finalidade é a oposta: analisar o gozo não é metonimizar na prosa nem capitalizar no escabelo. Ademais, a metonímia que se visa na psicanálise não é qualquer uma, logo, não toda corpo-regente, ela também é *fixão* [*fixion*] (com um *x*) de sintoma, poderia dizer que ela é corpo-diferencial, bem pouco propícia à partilha "opaca", diz Lacan. Da literatura à psicanálise há, portanto, antinomia das finalidades. Indício dessa diferença crucial: da literatura se faz um escabelo, mas da interpretação, não.

No entanto, segundo o Lacan que falava em 1975 nos Estados Unidos, a literatura mudou. Ele define assim: a literatura é aquilo que se escreve e se vende. Com isso, não há dúvida de que há uma literatura psicanalítica. Essa é uma definição pragmática da literatura, que é bem dos tempos do capitalismo. Ela implica que o que vale em matéria de escrita é aquilo que se vende. Isso é uma mudança? Ah sim. Com efeito, nem sempre foi assim para as obras literárias. Desse estado anterior, saiu até mesmo o mito romântico do grande escritor desconhecido, com uma obra escrita mas não vendida, pois aquilo que se chamava de literatura durante um bom tempo eram as obras dos homens de letras, e era uma profissão, uma especialidade. Ela desapareceu em prol de tudo aquilo que se vende e se dá a ler de prosa, e daí por diante, a proposta romântica se inverteu, não há mais escritor desconhecido, é ser bastante conhecido que faz o grande escritor, pois o fato de que ele vende é o sinal de que isso satisfaz o leitor em algo. Poderíamos escrever *satis-feito* [*satis-fait*], "feito suficientemente", como faz Lacan para a interpretação: isso faz o suficiente, mas o que acontece, portanto, quando se trata da literatura? Bem, isso faz laço de escabelo do escritor a partir do momento em que satisfaz suficientemente um público para que ele esteja pronto para pagar o dízimo da compra. Muito logicamente, Lacan conclui daí que ele mesmo, com seus *Escritos* diversos portanto, tinha dito, contudo, que não eram para ser lidos como qualquer escrito, bem, conclui que ele faz literatura, uma vez que se vende. E se isso se vende é porque faz a oferta de um mais-de-gozar, essa é a própria lei da troca. Minimização completa do conteúdo, portanto: é literatura tudo aquilo que se escrevinha, para ser lido ou não, e que se vende. E a partir do momento em que seus escritos são vendidos, se coloca, assim, como um "efeito" da mudança que ele evoca. Pois, como ele precisa, a literatura tem efeitos. Será que isso quer dizer que ela não seria tão vã quanto alguns dizem, que ela teria um alcance causal? Sim, ela tem efeitos, mas efeitos... sobre a própria literatura, seus efeitos são internos ao seu campo. "É difícil de entender", acrescenta ele. De fato. Joyce, por sua vez, conseguiu vender uma literatura da letra pura, que oferece gozo diferente daquele que da corpo-regência, a qual constitui a corrente dominante, com a qual, no entanto, confluem correntes menores, Joyce e Lacan, os dois ilegíveis, pelo fato de que isso se vende.

Tudo isso é compreensível apenas se entendermos o quanto Lacan aborda a literatura de um novo ponto de vista nos anos Joyce. Assim como a fala analisante a partir dos anos 1970, ele deslocou o propósito da interpretação, que deve recair menos sobre "aquilo que se diz", em outras palavras, o próprio texto, do que sobre o dizer, o dizer como ato de enunciação com o seu próprio propósito e seus efeitos, e bem, assim como ele não questiona mais o texto literário como antes fez muitas vezes. *A posteriori*, vê-se o que ele estava procurando aí, a saber, os exemplos de diversas corpo-regências, a do desejo, e é Hamlet, a do narcisismo da causa perdida com Claudel e *O pai humilhado,* ou a da relação com a outra mulher com Marguerite Duras etc. A partir daí, ele questiona menos o texto que o ato de escrever, ou o escrever-ato, o que ele fez com Joyce. Poder-se-ia dizer pastichando o começo de "O aturdito": "Que se escreva permanece esquecido atrás do que se escreve no que se compra", ou seja, atrás daquilo que faz a corpo-regência. Assinalo sobre esse ponto que se encontra uma confirmação nas conferências dos Estados Unidos de 1975, e até mesmo uma explicação que não mencionei. A literatura, diz ele, tentou se tornar "algo [...] que confira sua razão". Há algumas razões ruins entre elas, a exemplo de Joyce, "tornar-se um homem importante". E, em seguida, ele generaliza, lembrando que a razão para "se afundar nessa profissão de escritor" não é o inconsciente, mas o sintoma, ou seja, aquilo que faz o escabelo.

Espero ter-lhes mostrado como esses desenvolvimentos de Lacan, na verdade muito pouco didáticos e muito, muito condensados, são, uma vez desdobrados, perfeitamente coerentes e ajustados às suas construções prévias ao *sinthoma*, ao inconsciente "falasser" e UOM com escabelo. E até mesmo mais, eles os ilustram com o exemplo da literatura. Lacan não tentou a mesma demonstração para os escabelos das outras artes, e entendemos por quê, pois a literatura é a única a usar somente, assim como a psicanálise, o instrumento da linguagem. Decerto, ele falou da pintura, em *A ética da psicanálise* sobretudo, mas era um outro tempo de seu ensino. Ele começava a elaborar os efeitos da linguagem sobre o real com o conceito da coisa, *das Ding*. Era ela que estava no centro de suas análises das anamorfoses e, por exemplo, do quadro de Holbein, o escabelo do pintor — de quem ele não falava ainda — sendo, então, digamos, o do vazio da coisa no centro da imagem, ela própria sempre corpo-regente. Com relação ao cinema, não se encontraria mais do que uma ou duas observações *en passant* no ensino de Lacan, e nada, se não me engano, nos anos do inconsciente-falasser. No entanto, alguns acreditam reconhecer nele a mais completa das artes, sem dúvida porque a narrativa e a imagem se combinam e se animam além do movimento, que, se aplicado à tese de Lacan, concorrem para trabalhar em conjunto para a corpo-regência. Não é essa justamente a razão pela qual lamentamos que as crianças assistam a filmes violentos demais? Teme-se, com efeito, e com razão, uma indução corporal reforçada por essa violência pela adjunção da imagem animada à narrativa da história. Mas, é claro, as artes não são as únicas práticas sociais das quais é possível se fazer um escabelo. Além disso, como já disse, há todos os escabelos da política, em sentido amplo, tomada como a arte das finalidades, os escabelos do esporte e os escabelos do amor. Essa clínica diferencial dos escabelos de acordo com seu *medium*, seu instrumento, seria ampla, mas também podemos abordá-los de um outro ponto de vista, sob o ângulo, sobretudo, das diferentes estruturas clínicas e também das diferenças sexuais entre homem e mulher.

Novo tratado de paixões?

Passo agora a uma outra questão para ir ao encontro do nosso tema do ano, inveja e ciúme. Até que ponto esse propósito primeiro do escabelo identitário, que não pode funcionar fora de uma relação [*relation*] com os outros, lança uma nova luz sobre a questão dos afetos sociais do... UOM? A questão se coloca somente a partir do ensino de Lacan, pois ele renovou sua abordagem com relação ao discurso comum. Neste, os afetos, que estão, de fato, na superfície da experiência humana, inerentes à consciência que cada um tem de si, pensa-se de bom grado que eles governam o mundo, que eles têm, portanto, um poder causal. Ouvia no rádio, há alguns dias, um psiquiatra se vangloriando de ter mais de vinte anos de experiência e que desenvolvia essa tese: as paixões nos governam. Traduzido em termos de neurociências vulgarizadas, seria como dizer: o cérebro nos comanda, é ele que governa a máquina humana. Na perspectiva lacaniana, essa potência dos afetos e das paixões repercute uma outra, pois eles são efeitos, *afeitos* [*effects*]. Consequentemente, para operar sobre eles na psicanálise, pois não esqueçamos que toda demanda de análise é motivada, de fato, pelos afetos do sofrimento, bem, para ter uma chance de operar, é preciso ir à causa. Foi isso que desenvolvi em meu livro *Os afetos lacanianos*[3].

Afeto e *paixão* são dois termos que, na realidade, não devem ser confundidos, que se referem, ambos, ao registro daquilo que se experimenta, classicamente distinto daquele da vontade. Nos dois casos, o afetado ou o apaixonado estão em uma posição passiva, seu afeto ou sua paixão se impondo a ele. O termo *paixão*, aliás, tem como correspondente o verbo "*padecer*" [*pâtir*], e quando Lacan diz *paixão do significante* é para marcar o seu caráter causal e indicar que se padece disso. As conotações semânticas dos dois termos eram bastante vizinhas no início, como vemos com o *Tratado das paixões*, de São Tomás, que é de fato um tratado sobre os afetos e suas causas. Depois, instalou-se uma distância na língua atual, a paixão sendo percebida mais como uma modalidade do desejo, estabelecendo uma relação que é ao mesmo tempo imperiosa e insistente com um objeto prevalente, como quando se fala de um apaixonado por música, política, escalada e tantas outras coisas. Hoje se diz até *viciado*.

Ambos, afetos e paixões, em todo caso, são *afeitos* [*effects*], mais precisamente repercussões sobre o sujeito

---

[3]SOLER, C. *Les affects lacaniens*. Paris: PUF, 2011.

do efeito da linguagem, que toca o corpo sobre o sujeito. Ao enfatizar essa dupla implicação na fabricação dos afetos e das paixões, da linguagem, por um lado, e do corpo, por outro, Lacan tinha mais proximidade com as teorias antigas e religiosas do que com as da ciência atual. Vemos isso quando ele convoca, especialmente em "Televisão", São Tomás, Dante, Spinoza... e seus *Tratado das paixões* — com ou sem o título.

Digo *fabricação de afetos* [*affects*], pois é isso que o neologismo implica: *afeito* [*effects*]. Aquilo que se experiencia dos afetos e das paixões se fabrica no nó do simbólico, da linguagem e do imaginário do corpo. Que há corpo nos afetos e nas paixões não se duvida. Testemunhas disso são a garganta apertada da angústia, as pernas que batem, as mãos que tremem, as palpitações do coração, a petrificação do movimento no terror etc. Eis, portanto, as funções do corpo bem perturbadas. Além disso, o que chamamos de *sangue frio* não é nada além, justamente, do que um indivíduo particular cujas funções do corpo não se perturbam em momentos subjetivamente impressionantes. A perturbação não está no nível da imagem ou da superfície do corpo, mas no nível da adaptação do indivíduo, das funções adaptativas do corpo. Essa é a questão da relação do indivíduo vivo com aquilo que o rodeia e com aquilo que lhe permite sobreviver aí. E Lacan ri ferozmente das teorias que existiram por um tempo que postulavam que o afeto é um "guia da vida"; "Televisão" faz alusão a eles, ironicamente, e Lacan acrescenta que foi necessário que os "médicos saíssem com essa"[4]. Com

---

[4]LACAN, J. (1973) Televisão. In: *Outros escritos*. Tradução de Vera Ribeiro. Rio de Janeiro: Jorge Zahar Editor, 2003, p. 523.

efeito, isso data mais do início do século XX e ainda está em vigor nas revistas *psi*, a tese sendo de que o afeto é um instrumento de adaptação no mundo. Também ressaltei as múltiplas referências e sempre críticas referências ao *Umwelt* e ao *Innelwelt*, de Von Uexüll. Ele ainda prefere o que fora formulado na tradição clássica anterior, que postulava que nas paixões era o corpo que perturbava... a alma. De onde vêm essas perturbações do corpo, que são os afetos e as paixões?

A tese fundamental é conhecida. O que é perturbado principalmente no UOM é o corpo das necessidades, e pela linguagem geradora do sujeito e das pulsões. Digamos que a perturbação advinda ao corpo é o gozo sempre além do princípio do prazer, e é isso que repercute nos afetos e paixões do sujeito. Mas, na verdade, constatamos que, à medida que Lacan avança em sua construção da estrutura até o nó borromeano, suas análises a esse respeito se modificam ou se complementam.

Paixões do... ser

Quando ele construiu sua primeira concepção, tão bem conhecida pelos lacanianos, sobre o sujeito da falta a ser como efeito da negativação que a linguagem opera sobre o ser vivo, então ele comenta longamente as chamadas "paixões do ser", que ele toma emprestadas do budismo, amor, ódio e ignorância, todas as quais se desenvolvem na relação com os outros. Por que paixão *do ser*? Ele fala isso acerca do amor, mas é válido para as três, nessas paixões o objetivo do falante não é a satisfação instintiva do desejo, em outras palavras, não é o prazer ou o gozo. No amor, é a busca, ou seja, a experiência de um complemento ser vindo por meio do outro; no ódio, a rejeição do ser do outro, e na ignorância, o não saber do ser, tanto do ser do outro quanto do próprio ser. Aliás, o laço do amor com a falta não esperou pela psicanálise, vemos isso no mito de Aristófanes mencionado no *Banquete*, de Platão, com a ideia de uma esfera primitiva que teria sido cortada em dois, deixando todos em busca de sua outra metade. E também na língua cada um pode falar do parceiro como sendo sua metade. É o efeito primário da linguagem, o furo que ela introduz no real para um falante, e isso sem exceção, o que explica a quase universalidade de certos afetos.

Essa questão é, além disso, anterior à psicanálise, está presente, aparentemente, em todas as conjunturas históricas da humanidade de onde vem nossa civilização, daí a tentação de torná-la um universal ou uma suposta natureza humana. Essas paixões do ser surgem na relação com os outros e estão todas conectadas com a questão da identidade do ser. Seria preciso dizer identidades intrincadas dos dois membros de uma relação. O famoso "porque era ele; porque era eu"[5], de Montaigne, que sobrevoa, e não é à toa, mesmo pelas memórias daqueles que ignoram tudo sobre esse autor, está fundado, na verdade, nisso que a psicanálise revela: há uma questão do ser, "o que eu sou ali?", que faz disso uma questão sobre a identidade, e quando ela procura sua resposta na relação com os outros, quando se pede ao outro, "diga-me... o que sou eu", bem, o eco diz: eu não posso dizer o que você é para mim, você não pode dizer o que eu sou para você. O não saber, ou seja, uma ignorância estrutural, uma impossibilidade também nos

---

[5]MONTAIGNE, M. Da amizade (capítulo 28). In: *Ensaios*. Tradução de Rosemary Costhek Abílio. São Paulo: Martins Fontes, 2000, volume I, p. 281.

termos ulteriores de Lacan, funda essas paixões. É por isso, aliás, que a ignorância, que a tradição budista coloca em série com o amor e o ódio, não é exatamente farinha do mesmo saco, pois está intrinsecamente ligada ao problema do saber, daquilo que posso saber. Esse não é o caso do amor e do ódio. Não há necessidade de saber o que é o outro para amá-lo, esse é até mesmo seu milagre e seu mistério; quanto ao ódio, ele nunca se funda no saber e, além disso, nunca procura saber, mas destruir. A ignorância é diferente, e Lacan também a comentou em termos diversos e opostos, conforme ela se aproxima mais ou menos de um saber da incompletude de tudo saber ou de uma recusa subjetiva desse saber. Ele, inicialmente, elogiou-a, a ponto de reconhecer nela a paixão própria ao analista, como reconhecimento do não saber estrutural, pois, qualquer que seja o grau de saber, ele é apenas "saber vão de um ser que se furta"[6]. Mas, mais tarde, ele também criticou isso enquanto a posição de um sujeito que não quer saber, e às vezes até aquilo que ele chamou de "ignorância crassa"[7], em outros termos, a ausência de qualquer desejo de saber.

Entre os afetos trans-históricos primários dos falantes, não há simplesmente amor, ódio, ignorância, vindo do budismo, há também as famosas inveja e ciúme. Notem que aí as referências vêm do cristianismo, a religião do amor, que lhes dá, isso é bem claro, mais peso do que sua outra face, que se esquece, e que são a pena, a primeira

---

[6]LACAN, J. (1967) Proposição de 9 de outubro de 1967 sobre o psicanalista da Escola. In: *Outros escritos*. Tradução de Vera Ribeiro. Rio de Janeiro: Jorge Zahar Editor, 2003, p. 260.
[7]LACAN, J. (1971-1972) *Le séminaire: le savoir du psychanalyste*. Inédito, aula de 4 de novembro de 1971.

das paixões segundo alguns, Jean-Jacques Rousseau por exemplo, a pena e suas consequências de empatia. Fico bem surpresa ao ver que se continua a fazer da inveja e do ciúme produtos do imaginário. Não é esse o caso, a fonte não está no imaginário. Com a inveja e o ciúme estamos no capítulo das paixões e afetos da falta universal dos falantes, falta produzida pelo simbólico e da qual emana [*sourd*], verbo emanar [*sourdre*][8], mas secundariamente, a imaginação da completude de algum outro, sem maiúscula para outro, prefiro dizer outrem. É, aliás, justamente porque a fonte está no simbólico que o termo "inveja" [*envie*] em francês é ambíguo e designa também uma forma do desejo quando este é fixado a um objeto, como na expressão vontade [*envie*] de morangos, vontade [*envie*] do pênis ou vontade [*envie*] de outra coisa, algo diferente de todos os objetos que são propostos e que dão vontade[9]. Fico por aqui hoje, continuarei no próximo encontro, dia 17 de maio.

DISCUSSÃO

Lucile Cognard: Gostaria de retomar a distinção que a senhora faz entre os afetos e a paixão. Tenho a impressão de que, estruturalmente, são a mesma coisa, mas a senhora os distingue, sobretudo para dizer que, no discurso atual, os afetos são muito colocados do lado das neurociências como algo que não pertence ao simbólico.

---

[8]Nota do tradutor: Em francês, *sourd* (surdo) e *sourd* (emanar) têm a mesma grafia e pronúncia, por isso a ressalva da autora.
[9]Nota do tradutor: Em francês, a expressão *avoir envie de* é equivalente a "ter vontade de algo", donde a menção da autora.

C.S.: Diferenciei afetos e paixão porque há as duas palavras, uma diferença na língua, portanto, e somos justamente obrigados a levar isso em conta. Lacan falou inicialmente das paixões do ser antes de desenvolver de modo mais amplo uma teoria sobre os afetos, mas, na verdade, ainda que os dois termos tenham se afastado muito na língua comum atual, como disse, a tese de Lacan é a mesma para ambos. Eu os homogeneizei, uma vez que, depois de algumas palavras sobre as paixões do ser, passei à inveja e ao ciúme, que, até agora, nunca qualificamos como paixões do ser. Esse eixo é o mesmo em Lacan.

As neurociências não se ocupam de nosso campo, são as vulgarizações das neurociências que produzem um efeito no discurso e que não consideram que os afetos sejam um efeito sujeito. Para nós, um afeto é um efeito sobre o sujeito do inconsciente, que fala com o corpo e, nas neurociências, considera-se que isso é um efeito daquilo que se agita na máquina corporal, orgânica. Isso vai longe, há volumes e mais volumes escritos para explicar que o amor em si é apenas um artefato de circuitos neuronais etc. E há somas consideráveis investidas nessas pesquisas. Decerto, somos seres afetados, mas Lacan está à parte, ele está bastante sozinho em sua concepção do fato de que o operador primeiro, fundamental, é o fato de ser falante, que, portanto, é o efeito de linguagem que é o efeito causal, primeiro.

Martine Menès: Isso me remete às discussões que aconteceram no seminário de Escola deste ano sobre o dizer. Você diz que a forma como cada escrevinhador coloca sua merda na folha é particular. Será que podemos concluir ou supor que a letra está mais próxima do dizer do que dos ditos?

C.S.: Não creio. Se nos colocarmos naquilo que foi desenvolvido, inclusive por mim mesma, é que o dizer é aquilo que preside, no fundo, o nó borromeano, o nó borromeano que estabelece a junção dos tipos de gozo, gozo do sentido, gozo opaco do sintoma etc. E, portanto, a letra está mais do lado daquilo que se deposita pelo dizer, é por isso que, um momento, usei a expressão escrever-ato como dizer-ato. A pessoa toma a pena e vai depositar seu montinho, vai depositar aquilo que ela consegue depositar na folha, portanto, a carta está mais do lado daquilo que se deposita do dizer quando ele passa ao escrito.

Marie Selin: A senhora diz que o estilo é a maneira pela qual ele ou ela depôs adequadamente. Quando se tem uma certa prática da literatura, há ainda algo que ressoa de forma muito diferente dependendo se é um homem ou se é uma mulher que escreve. Poderíamos dizer que a matéria fecal não é exatamente a mesma! Não haveria uma distribuição a ser feita da forma como as coisas podem ser depositadas do lado homem e do lado mulher?

C.S.: Esse é um grande debate aberto há longa data, que nunca será fechado, creio eu. A saber: será que existe uma escrita feminina e outra masculina? Mesmo assim, observe o seguinte: o objeto anal precede a diferença entre os sexos, e muito, ele está em jogo antes que se convoque a fase fálica, em que a diferença entre os sexos começa a ser subjetivamente operante. Claro, longe de mim a ideia de negar que haja diferenças entre os homens e as mulheres, embora esse ponto de vista seja muito malvisto agora em alguns círculos. Seria preciso fazer como para os vinhos, os vinhos de boas safras, testes às cegas! Só que isso é muito difícil, pois quando um escritor é vendido ele é necessariamente conhecido.

Lydia Hualdé: Em relação ao ciúme, afeto cristão ou pós-cristão...

C.S.: Não, de jeito nenhum. Disse que são afetos universais, nós os conhecemos desde o começo da humanidade. Por outro lado, para as três paixões do ser — amor, ódio e ignorância —, Lacan se refere ao budismo. Por quê? Ele tem suas razões. Mas para falar da inveja e do ciúme, não podemos nos referir ao budismo. Somos obrigados a nos referir ao cristianismo, porque é no cristianismo que a ênfase sobre esses afetos é dada. Além disso, com Santo Agostinho, por trás de sua ênfase, há a teoria do pecado original como um postulado implícito, e Santo Agostinho é bastante feliz, se assim posso dizer, ao demonstrar que a criatura é pecadora, bastante feliz em demonstrar que já na criança lá há o sinal do mal.

L. H.: Em contrapartida, os cristãos fazem do amor um valor.

C.S.: Sim, mais ainda porque ele é a religião do amor prescrito.

Diane Ibled: Um pedido de precisão sobre a corpo-regência [corpo-rection]. Ouve-se aí ereção [érection], retificação [rectification]...

C.S.: Como disse, *corpo-regência*, tal como Lacan escreve, com um hífen, assona com *ereção, reto, correção*, mas Lacan tomou cuidado de não usar a palavra correção. Acredito que a corpo-regência é a gestão do corpo pulsional que permite erigir o escabelo. Quais são os limites e a função da corpo-regência? É verdade que na correção também há co-recção [*co-rection*], a ordem comum dos gozos que afeta as maneiras, a postura etc. É por isso que evocava as imagens de violência que pensamos ser tão prejudiciais às crianças. Sim, pois elas induzem a posturas de lutas, das artes marciais, daquilo que é organizado etc. No cinema, isso é bem percebido, mas também nos romances. É uma expressão que não é comum, o que surpreende. Mas, por sorte, o texto de "Radiofonia", desde 1970, especificava que a prosa opera por metonímia e que a metonímia é o veículo do gozo pulsional, e cabe a Lacan dar o exemplo de Bel Ami. Mas as formas comuns de gozo pulsional em jogo na relação com o próximo, ou com seu dissimilar sexuado quando Bel Ami se inclina na direção da orelha da dama, estão datadas, ligadas a um estado da civilização, e é por isso que elas entram em jogo na fabricação dos escabelos. Seria divertido fazer uma demonstração por comparação: um texto de Houellebecq e outro mais clássico, Maupassant por exemplo.

17 de maio de 2017

Continuo sobre as paixões invejosas. A fórmula elementar do invejoso ou da invejosa é, no fundo, bastante simples: você pegou, ou você tem, o pedaço que eu queria. Não há necessidade de lupas para ver isso, basta observar o quanto as crianças, e não só as bem pequenas, vigiam os pedaços que colocamos no prato do outro ou dos outros — ao menos quando a boa educação ainda não as amordaçou.

Paixão primária?

Isso começa com o peito da ama de leite em Santo Agostinho, sem esquecer, é claro, o pênis quando a diferença entre os sexos entra em jogo, mas isso vai muito além pela via metonímica: você tem a beleza ou a força ou os talentos que eu não tenho, ou ainda o amor e os gozos que me escapam, e até mesmo a sorte que eu não tenho etc. Uma dessas invejosas, que no entanto está longe de ser desprovida e que reconhece isso, me dizia: "Sim, ok, mas ainda assim, o que é insuportável é essa minha obsessão, não paro de pensar nisso, é que os outros, vejo nos meus amigos, conseguem tudo 'facilmente', sem esforço, enquanto eu sempre tive que batalhar muito". A inveja, portanto, surge em primeira instância no nó da falta a ter e da relação de comparação com o outro. Eco longínquo do transitivismo original. Adquirimos o hábito de dizer relação imaginária com o outro, estou de acordo, mas a falta de onde a inveja se engendra não vem do imaginário, mas do simbólico. Há também um efeito particularmente ligado com a inveja — é a raiva, um afeto especialmente feminino de acordo com Lacan, o que combina bem com a famosa inveja [*envie*] do pênis, mas não significa que ela seja encontrada apenas nas mulheres. Onde quer que esteja, ela é feminina, ou seja, ligada a uma falta a ter. Ora, constato que esquecemos que a face oculta da inveja é a admiração daquele ou daquela que considero invejável, já que a inveja supõe o invejável, e essa admiração às vezes chega até um fascínio que se dá ares de amor. Aconselho-os a leitura de Elena Ferrante, *A amiga genial*[1], primeiro volume de uma série de quatro livros. Sobre a questão de como a inveja fascinada preside a "corpo-regência" e como a primariedade do escabelo domina tudo, bem, é magistral.

É o mesmo que dizer que seria preciso nos interessarmos pela inveja transferencial, aquela que corre, despercebida, sob o "amor que se dirige ao saber"[2], segundo a última definição que Lacan dá da transferência. A dimensão ilusória dessa admiração é patente, é claro, ela repousa na ilusão de que o outro não tem nenhuma dificuldade em sua relação com o saber, em outras palavras, a inveja do invejável tem um laço secreto com a ignorância, com

---

[1] FERRANTE, E. *A amiga genial*. Tradução de Maurício Dias. Rio de Janeiro: Biblioteca Azul, 2015.
[2] LACAN, J. (1973) Introdução à edição alemã dos *Escritos*. In: *Outros escritos*. Tradução de Vera Ribeiro. Rio de Janeiro: Jorge Zahar Editor, 2003, p. 555.

um "não querer saber nada" daquilo que é o ser do outro. O que é isso? Se for meu semelhante, somos iguais em termos de falta; se for meu próximo, então a coisa inominável que nos habita, e isso é algo diferente do sujeito representado pelo significante, não pode ser abordada.

Pode-se perguntar se a inveja, tão ligada à falta a ter, que é uma forma de falta de gozo, não é estranha às paixões do ser. Além disso, pode-se fazer comédia com o avarento e o cofre que tem (*cf*. Molière), mas com as questões do ser, fazemos dramas ou tragédias. Mas esse contraste não é tudo, ele é até enganoso, pois a questão se desdobra. Pode-se certamente perguntar: o que é invejado, o que o outro tem ou o que ele é, lembrei isso no último encontro. Só que se o ter e o ser se opõem em geral, eles se confundem, diz Lacan, quando se trata de uma falta. Daí a ambiguidade. Exemplo: a bela açougueira de "A direção do tratamento". Sua amiga se apresenta como tendo uma falta a ter (salmão) que ela fabrica. Poder-se-ia dizer que a inveja desse traço gera, por imitação, a falta de caviar da espirituosa açougueira que se fabrica, por sua vez, é o que Freud explicou. Sim, mas por quê, como podemos querer fabricar uma falta para nós mesmos? É isso o que Freud não diz e que Lacan especifica: é porque essa falta a ter a faz, em particular, ser interessante aos olhos do marido, ou seja, falicizada. A verdade de sua imitação da falta a ter é que esta, na verdade, a faz invejosa de seu ser. *QED*[3]: a inveja se manifesta nas competições do ter, mas

---

[3] Nota da editora: Abreviação de "quod erat demonstrandum", fórmula latina usada ao final da demonstração de um teorema. Filósofos também a usavam ao final de algum argumento. Em francês, CQFD, "ce qu'il faut démontrer"; em português, CQD, "como queríamos demonstrar".

sua mola propulsora não está no imaginário, ela está no simbólico, e é somente ali que se pode falar do ser. Consequentemente, podemos justamente nos perguntar se a inveja não pode se transformar em ódio, o verdadeiro, que visa ao inefável do outro.

Falo do ser, no entanto, o termo "ser" tem diversas conotações sob a pena de Lacan, conforme a época. Como disse, "O que sou eu?" é, de fato, uma questão sobre a identidade do sujeito que a linguagem produz como falta a ser. Questão, digamos, sobre seu ser de desejo, que é um ser de falta, o qual se distingue de seu ser de gozo ou de mais-de-gozar, que Lacan elabora em seguida. E isso não é até mesmo o fim, já que em *Mais, ainda* ele evoca o ser do "dizer onde se situa a ex-sistência"[4]. Com essas duas últimas ocorrências após o ser do desejo, o ser de gozo e o ser da existência, não estamos mais no capítulo da falta, mas naquele daquilo que há realmente, e o que há aí não se presta ao universal, contrariamente à falta e que, aliás, ponto essencial, está mais conectado à satisfação do que à insatisfação.

Creio, portanto, que é preciso se sintonizar com Lacan nessa questão dos afetos e das paixões, e, como disse, não é aquilo que se faz estacionando na inveja e nos ciúmes. Ficamos com o que é conhecido desde sempre, rebatido incansavelmente ao longo dos séculos, que não deve ser esquecido certamente, mas colocado em seu devido lugar. Lacan também fez algumas observações que vão nesse sentido não de minimizar, mas de colocar em seu lugar os

---

[4]LACAN, J. (1972-1973) *O seminário, livro 20: mais, ainda*. Tradução de M. D. Magno. Rio de Janeiro: Jorge Zahar Editor, 1985, p. 164, aula de 15 de maio de 1973.

chamados afetos fundamentais. Ele emprega esse termo, aliás, em *Mais, ainda* com relação ao ódio, que não teria sido "posto em seu lugar"[5]. Assim, depois de ter elogiado a ignorância supostamente douta, ele anuncia o triunfo da ignorância crassa quando diz, ao falar dos analistas: nenhum desejo de saber — é em 1973. Mas ele ainda mantém as conotações anteriores, positivas em "Nota italiana", em que, depois de ter notado que a humanidade, aquilo que se chama assim, não se interessa pelo saber, ele coloca essa douta ignorância na própria origem da psicanálise, aparecendo depois da ciência, na qual se trata de um outro saber, que não diz respeito ao humano. No que diz respeito ao amor, sempre ali e sempre o mesmo, ele reconhece o novo[6] e acrescenta que ele ainda pode encontrar um interlocutor no analista-intérprete. Quanto ao ódio, o verdadeiro, que se ignorou, limitando-o ao do *odionamoramento*, ele se renova como visando propriamente ao ser do dizer. É isso que comecei a desenvolver em *Os afetos lacanianos*.

A paixão pelo escabelo

Minha questão agora é, portanto, interrogar aquilo que a promoção do UOM-escabelo (com um hífen) — a qual implica a relação competitiva com os outros que regula a relação dar-receber — feita por Lacan muda, ou não, para os afetos que se desenvolvem nessa relação. Lembro que a necessidade primária do escabelo provém do fato de

---

[5]*Ibid.*, p. 122, aula de 20 de março de 1973.
[6]LACAN, J. (1973) Televisão. In: *Outros escritos*. Tradução de Vera Ribeiro. Rio de Janeiro: Jorge Zahar Editor, 2009, p. 529.

que UOM, UOM-faunético, que é um ser de linguagem e de imagem combinadas, é necessariamente confrontado com aquilo que Lacan denominou como a questão do ser, ele "vive do ser" [*vit de l'être*], e isso por meio do efeito da linguagem, que Lacan toma como certo. Apesar das formulações inéditas, como sempre em Lacan, pois ele não cita a si próprio, mesmo quando permanece na mesma ideia, não é isso que é novo no começo da segunda conferência sobre Joyce, como disse. A novidade é fundar ali, ao mesmo tempo, a necessidade e a primariedade daquilo que ele chama de escabelo. Em outras palavras, é o universal da falta (falta a ser e falta de gozo), digamos, o universal do sujeito, que funda o universal da busca pelo escabelo. Pode-se, portanto, falar sem exagero para UOM, da paixão do escabelo no singular. Paixão no sentido de busca alucinada, mas também no sentido daquilo que lhe é imposto por sua condição de falante. O escabelo é sempre identitário, ele visa produzir o nome ou o significante que identifica um ser para todos os outros, esse todos sendo mais ou menos amplo, como indiquei, e ele se instaura sobre uma economia de troca, que intercambia um mais-de-gozar oferecido por um dízimo pago em retribuição a essa oferta. Particularmente legível em Joyce, cuja oferta precedeu o dízimo, já que, a partir de seu dizer magistral, ele se colocou como "o artista", antes que sua navegação o levasse a ser, de fato, o autor de *Finnegans Wake*. Com o escabelo, não se está no "peço que recuses o que lhe ofereço porque isso não é isso", e sim "peço que aceites", ou melhor, "diga-me que é isso".

No entanto, de um universal a outro, daquele da falta ao do escabelo, não há reconhecimento igual na história de nossa civilização, mas justamente desproporção e assimetria. De um lado, o reconhecimento afirmado secularmente pelas paixões oriundas da falta, que alimenta o grande "clamor" do sofrimento humano; e de outro, um reconhecimento ambíguo das paixões do escabelo que avança apenas sob o pretexto de reprovação. Nós os reconhecemos apenas condenando-os, denunciando-os. Por exemplo, no budismo, com o convite a se renunciar aos desejos humanos em direção à apatia do nirvana; no cristianismo, com a denúncia da vaidade dos bens daqui de baixo adquiridos pelas obras, com o elogio dos pequenos contra os grandes com escabelos mais gloriosos. Além disso, nos pecados capitais, cuja primeira lista remonta a 400 d.C.; na época de Santo Agostinho, encontramos as duas paixões ligadas ao narcisismo expandido e à comparação com o outro, a saber, a inveja e o orgulho — a avareza, a gula, a luxúria, o registro pulsional, concupiscível, a raiva e a preguiça sendo de outro registro. O orgulho pôde até ser considerado o maior dos pecados pelo Papa Gregório, o Grande, em 600 d.C. Sem dúvida, o cristianismo se insurgiu contra esses efeitos do escabelo. Digo reprovação, mas isso vai mais longe, uma promessa de punição. As orações fúnebres de Bossuet são ápices com relação a esse ponto, mas a desaprovação dessas duas paixões da comparação ainda é atual, quase natural, e está presente até mesmo na psicanálise, em que o narcisismo nunca é evocado, a não ser para ser estigmatizado, com a ideia sempre pronta a reaparecer de que uma análise deveria reduzir a afirmação narcísica de si, o que é um paradoxo, já que os sujeitos vêm à análise porque estão em dificuldades com os escabelos do amor ou do trabalho.

Sem dúvida, essa reprovação me parece carregar a marca de toda uma cultura cristã. Ela está em falta com qualquer secularidade do pensamento, se assim posso dizer, que se gostaria de encontrar entre os analistas.

Assim, o escabelo, que é o narcisismo expandido da afirmação de si, gera necessariamente afetos sociais específicos — e insisti bastante no fato de que, desde o estádio do espelho, Lacan havia marcado o alcance socializante do narcisismo. Esses afetos estão ligados, inicialmente, à comparação com outros, inerente ao escabelo, ela implica a reivindicação da inveja, se o outro parece mais bem-dotado, e, ao contrário, do orgulho desdenhoso ou indiferente, quando não se duvida de si. Em segundo lugar, a comparação não pode ser passiva, uma vez que é preciso se fazer o escabelo, "envolva-se" [*mouille*] que se diz ao UOM, ela se torna emulação e competição ativa, com o sem fé das lutas rivalitárias de que se faz chacota (*cf.* a velha batalha entre Jacques Chirac e Raymond Barre, "amigos de trinta anos"). Soma-se a isso, em terceiro lugar, menos ressaltado, a relação de dependência inerente ao escabelo, já que ele só faz nome ou promoção por meio do reconhecimento dos outros. Esta dependência desemboca em todas as formas de sedução, quaisquer que sejam, com seus afetos correlativos, que vão desde o triunfo, por um lado, ao despeito desesperado, do outro, conforme esta sedução seja bem ou malsucedida. Por fim, todos esses afetos se acomodam na grande oposição que regula o gozo fálico, aquela que imaginamos como poder, diz Lacan, com sua grande polaridade de potência e impotência.

Questão: o que, fora das opções religiosas, pode justificar a reprovação dessa busca pelo escabelo? Fico impressionada com o fato de que Lacan se empenhe justamente em levantar essa reprovação nessa última conferência, indo até os fundamentos desses fatos e de sua generalidade crescente na realidade contemporânea; ele está, portanto, em sintonia com essa realidade, ao passo que o conjunto dos psicanalistas, que supostamente deveriam ser animados pelo desejo de saber, a deploram.

Pensando laicamente

No entanto, pode-se compreender de onde vem a deploração: é que a lógica do escabelo, que é uma lógica da sedução e uma lógica do poder, é indissociável de uma forma de violência, e até mesmo de violências diversas. Nada a se esperar de pacificado desse lado. Mas o que é possível opor a isso? Diremos que eles atentam para a dimensão que Lacan chamou de "pacto da fala"? É verdade. Eles também atentam para os valores de compartilhamento, respeito, caridade, generosidade etc. ou para os significantes-mestres, dos quais se espera que transcendam e unifiquem os fins individuais desses escabelos, que, sem estar fora do discurso, como mostrei, não trabalham para sustentar os semblantes e são inteiramente governados por fins particulares. Sua dominância, portanto, muda bastante a ordem das coisas, mas a ordem das coisas não é sempre a ordem de um discurso? Em todo caso, essa é a hipótese daquilo que Lacan chamou de campo lacaniano como campo dos gozos em constante remanejamento. Mas o "pacto da fala", a chamada fala plena de "Função e campo da fala e da linguagem": "tu és minha mulher" [*tu es ma femme*], "tu és meu mestre", o que dizer aí em vista daquilo que se segue no ensino de

Lacan? Conhecemos a versão de "Televisão", que passa para "matar minha mulher" [*tuer ma femme*][7]. Lacan usa aí um equívoco da *alíngua* que tudo sabe, e acredita-se que se trata de uma pirueta, mas não, a proposta está de acordo com o "não há relação sexual" [*y a pas de rapport sexuel*], que anuncia não uma guerra, mas ao menos uma heteridade dos sexos e uma ausência de diálogo que nenhuma palavra pode resolver, e ele diz, sobretudo com relação a um homem, que nenhuma mulher é sua, ele anuncia o fim do "*minha* mulher", com seu possessivo, o sexo sendo incompatível com a apropriação. "Tu és minha mulher" revela ser um abuso à experiência da não relação, não somente de linguagem, mas de discurso, isto é, de ordem social. Ele não era inocente, aliás, era também... uma forma de gozar. Se não havíamos entendido isso, Lacan persiste quando formula, em 1976, que a fala plena é a fala "cheia de sentido", o que quer dizer plena de sentido-gozado [*joui-sens*]: há aí uma corpo-regente.

Quanto aos valores, como eles estariam em contradição com os escabelos quando se sabe que eles, por sua vez, são muito frequentemente os veículos dos escabelos? Como indiquei, eles fabricam os escabelos dos devotamentos diversos. Eis algo que Freud tinha claramente percebido em "Para introduzir o narcisismo", quando ele ressalta o uso narcísico dos ideais, ou seja, dos semblantes dos quais é possível se fazer escabelo. Vê-se isso na política

---

[7]LACAN, J. (1973) Televisão. In: *Outros escritos*. Tradução de Vera Ribeiro. Rio de Janeiro: Jorge Zahar Editor, 2003, p.61. Em francês, *tu es ma femme* [tu és minha mulher] e *tuer ma femme* [matar minha mulher] são sentenças homófonas, o que faz com que Lacan especifique se tratar de uma e não de outra frase.

e é justamente isso que Lacan diz na conferência. Tendo enfatizado que "somente os deportados participam da história" — entenda-se aí os corpos deportados —, ele acrescenta: "Os que pensam constituir a causa em sua bagunça estão, também eles, sem dúvida deslocados por um exílio que deliberaram, mas, por fazerem dele escabelo, ficam cegos". Eis um comentário que situa aquilo que é fazer causa comum por solidariedade com os corpos deportados. Hoje são os dos migrantes. Por solidariedade, pode-se dizer "somos todos migrantes", talvez isso seja simpático, mas não é verdade, só são migrantes aqueles cujos corpos estão em jogo, e cabe a Lacan interpretar, portanto, para os outros, que eles fazem um escabelo com sua solidariedade. Nada a acrescentar, aliás, esse não é o pior dos escabelos, já que nem todos se equivalem no laço social, mas com a condição de que não se pretenda torná-lo uma virtude. O que é preciso dizer é que o capitalismo, ao desfazer os discursos, também muda os escabelos, que, cada vez mais a partir de agora, se espalham somente sobre os sintomas singulares e muito pouco sobre os semblantes compartilhados. Consequentemente, já não podemos opor os fins do narcisismo ou "narcinismo", como uma vez me expressei, e aqueles de sublimação, pois eles se unificam naqueles do escabelo. Como não perceber a vontade de ignorância que anima todos os desconhecimentos e reprovações desse narcisismo generalizado?

Além disso, os próprios discursos, os quatro, são oriundos daquilo que posso chamar de *dizeres-escabelos* [*dires-scabeaux*], com hífen. Esses dizeres, surgidos nas contingências da história, que têm nomes como Licurgo, Carlos Magno, Sócrates e Freud, inauguraram um novo discurso, ou seja, uma nova ordem dos gozos. Esse passado levaria a pensar que talvez o porvir também esteja à mercê das contingências de novos ditos fundadores. Mas isso não é certo, pois a ordem do capitalismo financeiro não parece estar à mercê de nenhum dizer, motivo pelo qual ele é tão acéfalo quanto a pulsão, e ele não exclui que ele acarrete consigo a queda dos dizeres-escabelos coletivizantes, a menos que se verifique o triunfo da religião. Repetimos o famoso aforismo sobre o psicanalista que deve "alcançar a subjetividade de sua época", muito bem, mas hoje lhes pergunto: qual é a subjetividade da época? E pode ela ser colocada no singular, como se houvesse apenas uma, como nos bons e velhos tempos em que os discursos dominantes homogeneizavam as individualidades ao *forçar* seus semblantes, se assim posso dizer? A subjetividade de nossa época, o que é certo é que ela está condicionada pelo capitalismo, pela fragmentação dos laços que ele engendra e pela corrosão dos semblantes que ele produz, as precariedades que dele resultam. Então, o que dizer disso? Ela é cristã ou muçulmana, pacífica ou combativa, crítica ou crédula, racional ou apaixonada etc.? Lacan sobre isso diz a única coisa que se aplica a todas as subjetividades em virtude da falta produzida pela linguagem, ela é uma subjetividade com escabelo. Isso não é novo, mas a partir de agora sabe-se, aparentemente, que o fato é cada vez mais assumido; ela, então, deixou de se mascarar, e isso é novo, e talvez seja isso que permitiu a Lacan reconhecer em Joyce o paradigma daquilo que posso chamar de "escabelos descomplexados" de nosso tempo. Isso lembra outras fórmulas de uma época política recente, na presidência anterior a François Hollande, que alguns consideraram desavergonhada. Talvez, mas elas fazem parte de nossa realidade. E no que diz respeito ao escabelo descomplexado, não há nada melhor do que Trump. Então, é esse o fim da vergonha? Não sabemos.

Mas ainda assim, a subjetividade de uma época talvez não seja a subjetividade estatisticamente majoritária. Lacan vai nessa direção, uma vez que ele coloca essa subjetividade "no horizonte", ponto fora de linha inatingível, mas regulador. Por outro lado, o que não é indefinível, o psicanalista, e toda essa passagem do final de "Função e campo da fala e da linguagem" fala dele. Para que o analista possa alcançar em seu horizonte a subjetividade de sua época, aquela que determina o discurso da época, é preciso não dizer que ela é, mas, diz ele, cito, é preciso "que ele conheça bem a espiral a que o arrasta sua época na obra contínua de Babel, e que conheça sua função de intérprete na discórdia das línguas"[8]. A primeira parte da frase diz que o psicanalista deve ser de seu tempo, consciente daquilo que caracteriza sua época, o que deveria excluir a nostalgia do passado; a segunda parte diz que ele tem um papel a desempenhar. Ele o especificou um pouco mais acima. Papel de "mediação entre o homem da preocupação", termo de Heidegger para designar, creio eu, o registro das necessidades da vida, do trabalho de amor "e o sujeito do saber absoluto", expressão de Hegel para designar aquilo que a análise ensina. Essa é uma forma de lembrar os dois componentes da psicanálise — a

---

[8] LACAN, J. (1953) Função e campo da fala e da linguagem em psicanálise. In: *Escritos*. Tradução de Vera Ribeiro. Rio de Janeiro: Jorge Zahar Editor, 1998, p. 322.

terapêutica, que organiza um pouco a preocupação, e a epistêmica, que implica algo de saber, toda a questão sendo saber se e até que ponto essa mediação pode se fazer valer fora da cura analítica, mais amplamente, portanto, na civilização. Essa é toda a questão da política da psicanálise e, nesse ponto da responsabilidade dos analistas, Lacan, que se aproximou mais daquilo que chamo de um pensamento laico, decerto mudou suas formulações com o passar do tempo, mas não sua posição.

DISCUSSÃO

Marie Selin: Uma pergunta com relação a esse passo dado por Lacan: do "tu és minha mulher" para o "matar minha mulher", a senhora diz que o sexo não é compatível com a apropriação? Mas nessa passagem, onde a senhora poderia colocar o dizer do amor, se é que há um?

C.S.: Há certamente um dizer do amor, o amor é um dizer que dissimula ou compensa a não relação sexual. E até mesmo mais que isso, se acompanhamos a tese de Lacan, ele faz suplência a isso, tenta suprir a não relação. A fórmula se encontra no seminário *Mais, ainda*, esse é o mesmo seminário no qual ele diz: o amor é impossível. É uma forma de dizer que a suplência não supre de fato.

Marie Selin: É, então, uma condenação eterna...

C.S.: Eterna, certamente não.

Curioso, começo a me perguntar por que vemos ressurgir regularmente, quando somos confrontados com coisas que qualificamos como reais, quando é real, isso não quer dizer que não há nada a se fazer; por exemplo, o impossível da relação, somos tentados a nos voltarmos para o amor para garantirmos uma solução.

O amor existe, não é uma ficção, não é algo de que falaríamos, mas que não teria nenhum fiador de experiência. Ele está presente na experiência, tem uma potência, tem uma força e limites. Sem dúvida, convocamos o amor porque o amor faz laço. E porque o real do qual se fala em psicanálise não faz laço, seja a fórmula "não há relação sexual", ou se fale do sintoma como de um real do "há do Um", Um e nada mais, como diz Lacan. Portanto, nos voltamos para o amor porque, no fundo, isso se liga com um outro, quer se trate do amor sexuado, do amor entre pares ou do amor entre pais e filhos. O registro do amor em si mesmo faz dois. Daí a fórmula: "Só o amor permite ao gozo condescender ao desejo"[9]. Lacan diz que o gozo é solitário, ao passo que o desejo faz laço entre corpos, mas não entre sujeitos, enquanto que o amor faz laço entre sujeitos. O amor, portanto, fabrica um nó, de certa forma, e é isso que é tão importante no amor, é que ele é um laço de sujeito para sujeito.

Só que é preciso ter em mente que não somos apenas sujeitos, mas indivíduos com um corpo, um organismo transformado e que mesmo nossa consistência nos vem desse corpo. Portanto, entende-se ao mesmo tempo que em psicanálise não se trata de riscar o amor,

---

[9]LACAN, J. (1962-1963) *O seminário, livro 10: a angústia.* Tradução de Vera Ribeiro. Rio de Janeiro: Jorge Zahar Editor, 2005, p. 197, aula de 13 de março de 1963.

a psicanálise não existiria se riscássemos o amor, mas seria muito louco, à luz do saber analítico, esperar que o amor elimine o real, que ele cure o real, no máximo ele o compensa um pouquinho.

Evangelina Planas: Será que não há um saber, o saber no fim da análise, que permite reconhecer que não há relação sexual e se virar com isso, com que haja menos essa tendência a querer fazer suplência?

C.S.: Sim, há a ideia, em tudo isso que Lacan diz, de que a experiência da não relação se verifica com a experiência da análise e, possivelmente, leva os sujeitos a deixar de querer ir de encontro ao real. Podemos suportar o real sem ter que ir contra ele. É o que diz a expressão "identificar-se com o seu sintoma".

Marjolaine Hatzfeld: Você tomou os diferentes sentidos da palavra ser [être] em Lacan, o ser de desejo, que é uma falta de ser, e por outro lado, um ser de gozo, e em seguida, um ser "que situo a partir da existência que é o dizer" (diz Lacan). Isso se liga à noção de que o ódio visa à existência do dizer?

C.S.: É isso o que Lacan diz: nada concentra mais ódio do que esse dizer em que se situa a existência. É preciso ter compreendido a diferença entre dizer e ditos, o fato de que o dizer enunciativo é um ato, é existencial, não se deduz de nenhum outro, o dizer não é estrutural, o dizer. Assim que se fala de estrutura, há uma coexistência de elementos que têm relações entre si, que podem se deformar, mas que se mantêm nas deformações, é isso a estrutura. O dizer é um ato, ele se localiza na estrutura, mas não é uma estrutura. Isso procede de uma contingência. A palavra *advento* poderia se aplicar ao dizer.

Os Evangelhos: um homem se levanta e diz, temos o texto, mas que ele tenha se levantado, que uma enunciação carregue seu nome, isso é outra coisa. Foi isso que me fez pensar lateralmente a frase de Talleyrand: acredita-se apenas naqueles que acreditam em si mesmos. Quem acredita em si mesmo não pede autorização a ninguém. Essa é a imprudência do dizer. Lacan empregou essa palavra para dizer que o dizer não pede autorização, o dizer se coloca na existência, ele existe ou não. Depois, é possível questionar aquilo que o dizer produz, qual é o texto que sai dele, os efeitos que ele engendra.

Poder-se-ia modificar a sentença de Talleyrand: odeia-se apenas aqueles que acreditam em si mesmos, mas também se ama, admira-se apenas aqueles que acreditam em si mesmos. Poderíamos desdobrar os afetos que se seguem. No fundo, a emergência de um dizer se localiza em um registro no qual a questão da falta não se coloca. A questão da falta se coloca para um sujeito que está na linguagem, que é produto da linguagem e que se representa na linguagem. Aquele que se representa na linguagem está forçosamente dividido e em falta. É importante essa questão se a conectarmos com a definição de Lacan do ato analítico. O ato analítico não é sujeito, ele é dizer.

M.H.: Você opõe sujeito e dizer?

C.S.: Eu os distingo. Para distingui-los, é preciso ter uma definição do sujeito. Se tomar a nossa definição de sujeito, ele é aquilo que é representado por um significante junto a outros significantes. É isso o sujeito, não é o indivíduo em seu total, não é o corpo dele. Esse sujeito está sempre em falta, sujeito à castração porque não é possível tomar todas as palavras ao mesmo tempo, todas as significações ao mesmo tempo, não é possível fazer delas um todo. É disso que Lacan diz seu ser "está sempre em outro lugar", trata-se de um sujeito inconsistente e a-substancial.

O dizer, o ato de dizer, supõe obviamente que haja um indivíduo feito sujeito pela linguagem. Pode-se imaginar, fiz isso em uma jornada de Escola: qual é o suposto ao dizer, o x suposto ao dizer? Se não o chamamos de sujeito, como o chamamos? Agente do dizer, existência? Nesse sentido, há uma certeza que anda de mãos dadas com o dizer. A dubitação, a incerteza, a questão, vai com a cadeia significante e o sujeito do significante, Lacan desdobrou muito isso. O dizer que se coloca na existência, não como dubitação, pode-se dizer o mesmo para o ato, ele existe ou não. Hesito em dizer certeza, pois imaginamos que isso é de ordem psicótica. Obviamente, há uma certeza psicótica, mas não é uma razão para perseguir a certeza ali onde ela pode estar.

Lucile Cognard: A senhora apontou a parte do pensamento cristão em nossa propensão a deplorar... Ao mesmo tempo, a senhora diz que um pensamento laico permitiria pensar de outra forma, permitiria ver estruturalmente aquilo que está em funcionamento. É porque o pensamento cristão católico tem a segurança de um discurso que ele tem esse poder de encontrar razões para as coisas, para os acontecimentos? O que faz a diferença com relação aos discursos estabelecidos?

C.S.: A palavra *discurso* vale por seu equívoco. Lacan certamente a usou por isso. Quando se fala do discurso cristão ou de outro, designa-se o texto. Os discursos, segundo Lacan, ao contrário, são formas de organização do laço social, que incluem uma ordem dos corpos enquanto governados pela elaboração da linguagem. O texto das religiões, em todos os casos, é "corpo-regente", isto é, implica uma concepção dos corpos, de sua conduta, de seu lugar na relação entre eles... Por que o discurso da religião é forte? Porque ele faz uma promessa, ele faz uma hipótese sobre o infortúnio, a culpa será lavada graças ao sacrifício, e ele faz promessa ao além. Em resumo, ele dá sentido. É por isso que ele é potente.

O pensamento laico, seja qual for a sua definição, ao menos não se ilude com promessas que supõem o Outro, com letra maiúscula.

DOZE

7 de junho de 2017

Para terminar, vou me interessar pela clínica diferencial dos escabelos.

Eles não são todos iguais, certamente, podemos distingui-los de acordo com o que cada um traz para o laço social, conforme, portanto, eles se realizem mais ou menos no registro sublimatório, sejam mais ou menos criativos. Isso não é, contudo, o que chamo de clínica diferencial. Esta última é a clínica própria aos diferentes tipos sociais, os sexos, por exemplo, homem/mulher, ou de acordo com as diferentes estruturas clínicas que conhecemos. É nesse último ponto que vou parar e, mais especificamente, na psicose, pois tenho uma questão com relação a isso. Como explicar os perfis muito contrastantes que se encontram nela, no que diz respeito à paixão do escabelo, como explicar que também temos sujeitos que parecem desistir dessa ambição, todas essas figuras de abúlicos que os serviços sociais tentam gerir e, por outro lado, opostamente, campeões do escabelo, até mesmo frenéticos do escabelo?

Evidentemente, uma clínica diferencial dos escabelos só pode ser feita depois de ter interrogado aquilo que todos eles têm em comum. Disse a tese: o universal da falta, dos diferentes estratos da falta que tornam a identidade do UOM sempre problemática e, além disso, sempre à mercê de um reconhecimento, suspensa, consequentemente, ao laço com o Outro, esse universal funda o universal da busca pelo escabelo. Eu disse isso, o primeiro é amplamente reconhecido, o segundo, amplamente desaprovado. Noto que Lacan, na conferência em que ele propõe essa tese, não faz distinções segundo os sexos, segundo as estruturas clínicas, nem segundo os discursos, ele se coloca no nível da relação mais geral daquilo que diz respeito a todos os falantes. Isso não significa que essas distinções sejam abandonadas, mas que elas devem ser pensadas ou situadas tendo em vista a sua base comum. Então, antes de se perguntar o que são os escabelos no capitalismo e nos discursos pré-capitalistas, ou que são as diferenças entre os escabelos dos psicóticos e dos neuróticos, ou dos homens e das mulheres, é preciso primeiro perceber que eles se destacam naquilo que tentei colocar em evidência este ano, o laço entre o efeito de linguagem e a necessidade primária do escabelo, que preside a um narcisismo expandido e laborioso. Lacan, no fim das contas, fez desse escabelo o próprio do UOM. Muitas vezes foi discutido na história aquilo que constitui o próprio do homem. Por muito tempo foi a alma, não a de Aristóteles, mas a cristã. Pensem na controvérsia de Valladolid, 1550, uma controvérsia liderada pelo enviado do Papa sobre a condição dos povoados das Américas para saber se os índios eram "criaturas de Deus" ou não, o desafio sendo saber, na realidade, se podíamos dispor deles como animais de estimação, reduzi-los a escravos ou exterminá-los[1]. Para Freud, UOM seria a única espécie com inconsciente, mas para Lacan isso implica, ademais, a única espécie com escabelo. E se o termo escabelo ainda mantiver uma conotação negativa para vocês, não se esqueçam de que o escabelo é um princípio de laço entre os humanos, diferente e mais básico do que o dos discursos dos quais Lacan deu a estrutura.

É nesta base que a clínica diferencial pode ser vislumbrada. O que já está assegurado na experiência em si é que UOM com escabelo é uma transversal, ele é encontrado tanto em pacientes apalavrados ao discurso, como mostram todos os escabelos das épocas clássicas, quanto naqueles que estão no "fora de discurso" da psicose, já mencionei esse ponto, e também tanto nos homens quanto nas mulheres. Então, é possível marcar diferenças típicas?

Clínica diferencial

Quando dizemos *clínica*, ao menos segundo Lacan, não se trata simplesmente de descrever aquilo que observamos ou o que ouvimos, trata-se de construir e, em todo caso, discernir como os fenômenos que se observa são estruturados — em outras palavras, aquilo que os governa. É por isso que Lacan pôde dizer que não basta contar um caso para fazer clínica. Evocarei, aliás, em outro momento, um

---

[1] Nota da editora: A controvérsia de Valladolid foi protagonizada pelo filósofo espanhol Juan Ginés de Sepúlveda — para quem as práticas indígenas, como o sacrifício humano e o canibalismo, eram inaceitáveis e deveriam ser, portanto, abolidas de qualquer maneira — e pelo frei Bartolomé de las Casas — que defendia, ao contrário, que os povos autóctones das Américas, mesmo com suas práticas, deveriam ser considerados pelos colonizadores como seus iguais.

outro texto de Lacan, que dá precisões acerca da clínica propriamente analítica.

Se quisermos interrogar a psicose como me proponho a fazer, reencontramos uma vez mais — falo daqueles que se orientam pelo ensino de Lacan — a insistência de uma dificuldade. É que a construção das estruturas clínicas não parou de evoluir no decorrer dos trilhamentos de Lacan, e não em uma única frente. Por exemplo, temos uma clínica que aborda a estrutura por meio dos matemas, e depois os ensaios mais tardios de uma clínica borromeana, como eu havia me expressado há tempos. Mas esse recurso ao borromeano só pode ser compreendido por meio de uma evolução prévia, que levou à desvalorização dos matemas da linguagem, *dixit Mais, ainda*. Essa clínica pelo matema não é ela mesma homogênea, ela começa com uma clínica da metáfora, isso é bem conhecido, seguida por uma clínica da série, o que é menos conhecido, a qual é solidária de outra distinção, explicitada em 1969 em *De um Outro ao outro*, a saber, a redução daquilo que ele havia chamado de simbólico ao numérico, sem o qual, por parênteses, não compreende a distinção mais posterior entre uma linguagem e a *alíngua*. Mesmo antes de esta última ter sido introduzida, ela foi precedida por uma clínica dos laços sociais estruturados como discurso, com o "fora de discurso" da psicose. Todas essas evoluções deveriam ser suficientes para nos indicar que as primeiras construções são insuficientes em dar conta da clínica dos falantes e especificamente a das psicoses. Mas não há nada a se fazer, há uma forma do "não quero saber nada disso" que consiste em se apegar a um pequeno pedaço de saber, aquele sobre a metáfora se presta a isso, como se ele fosse última palavra de saber, até mesmo do saber absoluto.

Há ao menos um texto de Lacan que marca explicitamente o limite de suas primeiras construções estruturais com relação à abordagem analítica da clínica. Trata-se de sua "Introdução à edição alemã dos *Escritos*", de 1973. O que ele diz, entre outras coisas? Há uma clínica, sintomas-padrão, mas não ela é analítica. Com efeito, eles foram repertoriados pela psiquiatria clássica, alemã e francesa, antes da psicanálise, a qual os descreveram e classificaram. Trabalho precioso, bastante esquecido hoje, pois essa psiquiatria não é mais ensinada. É o que Lacan lembra, ao dizer que "existem tipos de sintomas, existe uma clínica. Só que, vejam: ela é anterior ao discurso analítico e, se este lhe traz uma luz, isso é seguro, mas não é certo". Ele acrescenta, algumas linhas abaixo, "que tipos clínicos decorrem da estrutura" só é certo "pelo discurso histérico"[2].

Ele chama ali *tipos* clínicos o que hoje chamamos de *estruturas* clínicas — psicose, neurose, perversão. É melhor, na verdade, dizer *tipos* clínicos para evitar a confusão com a estrutura dos matemas da linguagem ou do discurso. E ele conclui: um único tipo clínico procede de forma certa da estrutura do discurso, isto é, do laço social, e é a histeria. Sem dúvida, portanto, para Lacan, a estrutura analítica da psicose permanece do lado do incerto — a perversão também, aliás. Em outras palavras, ele sabe que não conseguiu produzir sua estrutura analítica específica.

---

[2] LACAN, J. (1973) Introdução à edição alemã dos *Escritos*. In: *Outros escritos*. Tradução de Vera Ribeiro. Rio de Janeiro: Jorge Zahar Editor, 2003, p. 554.

É impressionante ler isso sob a pena de alguém como Lacan, um psiquiatra ainda e que insistiu tanto para que os analistas não ignorassem a psicose, e que, além disso, tentou repetidamente construir um matema da psicose a partir de sua metáfora paterna, seu esquema I e a estrutura própria de seus sintomas até o nó borromeano. É claro que isso não impede que fenômenos existam, certamente, e eles devem ser conhecidos e identificados, fenômenos de linguagem específicos, delírios, desordem da relação com a vida etc., mas não basta estar familiarizado com os fenômenos para conhecer sua estrutura, a qual, como diz Lacan, "não se aprende com a prática"[3]. Em todo caso, se se perguntar o que os tipos de sintomas da psicose implicam em matéria de escabelo, com qual estrato das elaborações de Lacan podemos nos orientar?

Trajetória

Parto do começo. Lacan havia construído uma diferença precisa, permitindo situar a diferença psicose/neurose em termos de linguagem: resumo e condenso esse ponto de partida. Para o neurótico, a estrutura da metáfora; para o psicótico, o significante no real, ou seja, fora de cadeia. A que correspondia o lado insubmersível do primeiro e a desordem no atrelamento à vida do segundo. E para o gozo, a localização pulsional e fálica para o neurótico,tal como a deslocalização para o psicótico. Tudo isso pensado como o efeito da presença ou da foraclusão do significante do pai. Significante da metáfora,

---

[3]LACAN, J. (1972) O aturdito. In: *Outros escritos*. Tradução de Vera Ribeiro. Rio de Janeiro: Jorge Zahar Editor, 2003, p. 461.

ele supostamente estofa todo o sistema da linguagem do sujeito. Com esse significante no Outro, por efeito de metáfora, aparecia no lugar do significado a significação do falo. Este último, portanto, subordinado ao significante do pai, a foraclusão de um que levava à foraclusão do outro, P°, Φ°. À hiância no simbólico correspondia uma hiância no imaginário da significação. Ora, a função dessa significação é crucial e dupla, o significante do falo permitindo identificar o real da existência como sexo do sujeito. Identificar quer dizer enodar, atrelar esse real "inefável e estúpido"[4] para o campo simbólico do Outro. Em outros termos, mais eloquentes, talvez, a questão identitária que assombra todos os falantes: por que ter nascido, por que homem ou mulher? Ou, se preferirem, o que sou ali? Pois bem, essa pergunta encontrava sua resposta no desejo do Outro, de um Outro que inclui o significante do pai, a metáfora sendo por isso constituinte de um laço social. O sintoma, por sua vez, tal como situado em "A instância da letra", também tinha estrutura de cadeia significante para o neurótico. Abordado a partir do matema saussuriano produtor significante significado, S/s, ele era metáfora, uma das duas ocorrências da cadeia significante e, por conseguinte, oferecido à decifração e à interpretação. Isso era muito freudiano, era a reformulação do mecanismo do recalque freudiano em termos de metáfora. O sintoma psicótico se distinguia disso ponto por ponto, P°, Φ° caminhando junto com o sintoma do significante no real, isto é, fora de cadeia.

[4]LACAN, J. (1955) De uma questão preliminar a todo tratamento possível da psicose. In: *Escritos*. Tradução de Vera Ribeiro. Rio de Janeiro: Jorge Zahar Editor, 1998, p. 555.

O que se explicava com isso? Imputava-se a $\Phi°$ toda uma série de manifestações da psicose, uma vez que a metáfora só é detectada por seus efeitos no significado. Vê-se isso claramente a partir da leitura do caso de Schreber, tal como Lacan o retoma em "De uma questão preliminar". Lacan fez muito para desdobrar, com Schreber, os fenômenos de linguagem psicóticos, seus fenômenos de código e de mensagem, as características do significante fora de cadeia, a falha do ponto de estofo nas alucinações, as frases interrompidas, os neologismos. Ele também pensa, além disso, dar conta do período pré-psicótico por meio de uma identificação que faria suplência à falta de identificação fálica. Lemos, p. 572 dos *Escritos*: "Aqui, seja qual for a identificação pela qual o sujeito assumiu o desejo da mãe, ela desencadeia, por ser abalada, a dissolução do tripé imaginário"[5].

Questão imediata: por que uma identificação com o desejo da mãe por um outro significante diferente daquele do falo seria menos estável? Tal identificação só pode ser a um significante da demanda do Outro, e compreendemos que ela seja mais alienante, menos dialética, mas mais flutuante? Deixo isso de lado. E, em boa lógica, ele imputa correlativamente o restabelecimento da relação com a realidade que se manifesta na fase final do delírio de Schreber a uma nova identificação, com o significante da mulher. Cito: "na impossibilidade de ser o falo que falta à mãe, resta-lhe a solução de ser a mulher que falta aos homens"[6]. E ainda: "Por ter que ser o falo, o paciente

---

[5]*Ibid.*, p. 572.
[6]*Ibid.*

estará fadado a se tornar uma mulher"[7]. A expressão "ter que ser" marca menos um dever moral do que a necessidade de encontrar o "suporte da cadeia significante" para identificar seu ser, é uma necessidade identitária. O empuxo à mulher é um empuxo a uma identidade de suplência. É assim no que diz respeito à função identitária do falo. Só que para Schreber não havia homens, mas apenas, ele mesmo diz, "desleixados nas coxas". Fracasso do "apelo aos corajosos", é assim com relação à função sexual do falo, foi-lhe, portanto, preciso passar à mulher que falta, não aos homens, que não havia para ele, mas a Deus, o Outro primordial do lugar significante.

Nesta construção $\Phi°$ é contável, se assim posso dizer, de todas as manifestações da psicose, sobretudo o pânico de entrada, fenômenos catatônicos que se seguem e indicam, ao menos episodicamente, um pânico identitário que suspende todas as amarras da libido ao significante. Lacan emprega, aliás, o termo abismo. Isso nos levaria diretamente à ideia de que os psicóticos são naturalmente inválidos do escabelo, que lhes falta a mola propulsora fálica das lutas pela vida. É assim que os serviços públicos os tratam, por meio de certificados de incapacidade, cuidados e invalidez diversos. Desabonados, no fundo, da combatividade vital, digamos, do desejo, é por isso que eles são frequentemente confundidos com os deprimidos. Desde o início Lacan se insurgiu contra essa ideia do psicótico com déficit de desejo; não que os fenômenos que acabo de mencionar não existam, mas porque eles são abalados por outros tipos de casos, com a presença

[7] *Ibid.*, p. 571.

de uma vertente contrária de certeza e de determinação que compete com o desejo decidido, o qual, por sua vez, dificilmente pode ser atribuído a $\Phi°$.

Esses primeiros avanços estruturais foram progressivamente desfeitos por Lacan, e isso para mim é sinal de que ele percebeu as insuficiências. Ele começou pela subordinação do falo ao pai. Está em "Subversão do sujeito e dialética do desejo", o pai não está mais inscrito no Outro como ponto de estofo que regula o campo da significação. A significação do falo não é suprimida, contudo, mas ela não pode mais ser imputada à metáfora. Mais genericamente, a função fálica do gozo não está subordinada ao Pai, mas resulta do "encontro das palavras com o corpo". Paralelamente, o que ele chamou de significação do falo, ele corrige em 1975: não se trata de uma significação imaginária, é a "relação com o real", subentendido aí o real induzido pela linguagem. Digamos que se trate de uma ocorrência do real da não relação sexual e do "há do Um". Refiro-me aqui à conferência de Genebra sobre o sintoma. Quanto à nova concepção do inconsciente que se impôs, para dar conta, creio eu, da persistência, para não dizer da resistência, dos próprios sintomas na psicanálise, é a de um inconsciente real, sem sujeito, inconsciente saber, feito de significantes-gozados. O sintoma, por essa razão, não é mais concebido como uma metáfora, ele é, para todos, feito de uma letra-fixão, do Um idêntico a si mesmo, ou seja, do significante no real. O modelo dessa construção é o da psicose, e ela desfaz a diferença previamente construída. O inconsciente e o sintoma cadeia significante metafórica permitiriam distinguir os significantes fora de cadeia da psicose, mas se o inconsciente não é uma cadeia, mas letra fora de cadeia, como repensar a diferença? Em todo caso, fim da metáfora do sintoma: o que está em jogo não é mais a semântica do desejo, mas a coalescência do gozo e do elemento de linguagem, cuja alucinação verbal e os neologismos da psicose davam o modelo. Então, se não podemos convocar a metáfora nem para o pai, nem para o sintoma e tampouco para a significação para o falo, se inconsciente instigador do sintoma é também significante no real, fora de cadeia — "Os significantes não fazem cadeia no inconsciente", como ele diz em *Os não tolos erram* —, se para cada um é o gozo que dá peso às palavras, como nos neologismos de psicose, como não concluir que ainda não conseguimos pensar a diferença na estrutura dos tipos clínicos e como não colocar novamente a questão? Seria preciso ainda refazer o grafo em que o inconsciente é escrito como cadeia significante, o que poderia levar a pensar que o psicótico não tinha inconsciente, em todo caso, não o inconsciente recalcado, metafórico. E seria preciso também retomar a questão da origem do $\Phi°$, se ele não puder mais ser imputado a $P°$. Isso exige ao menos alguns ajustes relativos à diferença analítica dos tipos clínicos. É isso que sugeri em meu livro *Lacan, o inconsciente reinventado*[8].

Podemos, ademais, notar que Lacan não parou manifestamente de pesquisar essa questão a partir dos anos 1970, e ainda com o nó borromeano. Nós o vemos procurar situar as estruturas clássicas — neurose, psicose,

---

[8]SOLER, C. *Lacan, o inconsciente reinventado*. Tradução de Procópio Abreu. Rio de Janeiro: Cia de Freud, 2012.

perversão —, mas sem parar em nenhuma das tentativas que ele tenta para a psicose. Por exemplo, a paranoia: ela é um nó de trevo ou um nó de três nós? Está de acordo com as lições. Essas são tentativas. Por outro lado, uma nova distinção prevalece, dependendo se há um nó ou não.

No fundo, no final, o que se sobressai de mais certo com relação à abordagem da clínica pelos nós é que o enodamento das três consistências é aquilo que permite estabelecer uma cadeia ao mesmo tempo significante e social. O que equivaleria a definir a psicose pela ausência do nó. Ele não afirma claramente, mas deixa isso suposto quando situa o 4º, que faz nó como um dizer pai. Percebe-se claramente isso com sua abordagem de Joyce. Há em Joyce muitos fenômenos de tipos psicóticos que atestam, antes, o significante no real, Lacan os questiona, se interroga sobre um possível delírio da redenção, sobre as eventuais falas impostas, sobre sua filha suposta telepata, enfatiza a estrutura de significante no real das epifanias, sobre sua não identificação com o próprio corpo, a que inicialmente é imputada ao falo etc. Há outras, mas ele nunca emprega o termo psicose para ele, como havia notado, e o seminário inteiro, que é anterior à 2ª conferência, culmina no final com a tese sobre a arte-dizer [*art-dire*] que ele utiliza para seu escabelo, 4ª volta de dizer enodante, constituinte de um nó borromeano, que inscreve Joyce e seu nome em uma cadeia significante e social. Vemos que o nó identificante está no lugar do empuxo à mulher schreberiano. O escabelo do nó o coloca, portanto, em pé de igualdade com todos os sujeitos borromeanos, embora esse nó não seja qualquer um e até mesmo o leve à eminência.

Recorrer ao escabelo

A partir desse caso, poder-se-ia concluir que há uma necessidade redobrada do laço de escabelo para os indivíduos fora do discurso, que têm, portanto, mais pressa, de certa forma, em recorrer ao escabelo. A bem dizer, pode-se abordar a estrutura dos tipos clínicos em vários níveis; o da estrutura da língua, evidentemente, com as suas repercussões sobre a estrutura da identidade; o do laço social, isto é, do discurso; e também o do desejo e do gozo. Retenho o do laço, pois ele também está concernido na busca do escabelo. Esse é, aliás, o eixo principal anterior à psicanálise, com o tema da periculosidade social dos chamados doentes mentais, que todas as culturas tentam regular.

Freud está nesse eixo com sua expressão de "perda da realidade". A perda da realidade, segundo Freud, difere da neurose à psicose, e de toda a distância que separa a fantasia do delírio, o neurótico se defendendo por meio da fantasia daquilo que a realidade impõe como sacrifícios e perdas, digamos, que é um sonhador desperto, esse é seu traço de irrealismo, ao passo que o psicótico se defende disso por meio do delírio, que lhe fabrica uma outra realidade. *Dixit* Freud. O que Freud chama de "perda da realidade" não designa simplesmente essa perturbação da percepção que é a alucinação — aliás, não há realmente uma teoria da percepção em Freud, ao passo que Lacan tentou uma —; com essa expressão, ele designa um posicionamento da chamada libido de objeto. Uma perturbação daquilo que foi chamado de "relação de objeto", da qual Lacan fez um título de um ano de seminário.

Isso designa o investimento libidinal dos parceiros, em outras palavras, o vetor do desejo que visa a um objeto de satisfação. A psicose se caracterizando, a este respeito, por aquilo que Freud chama de "desprendimento da libido", que para ele é a mola mestra da doença mental, como se nestes casos a libido investisse somente a própria pessoa. Daí, sem dúvida, a expressão "neurose narcísica", à qual ele às vezes se refere. O debate com as objeções de Jung é instrutivo sobre esse ponto. Jung objeta, de fato, que o desprendimento da libido bem poderia produzir uma anacoreta no deserto, ou seja, o isolamento social do sujeito, mas não a psicose. E Freud responde categoricamente a Jung que ele não entendeu seu argumento, pois a anacoreta no deserto, que portanto se isola dos objetos da realidade no sentido banal, pode muito bem conservar um investimento objetal da libido perfeitamente normal, em sua fantasia — que é o caso do neurótico. Em outras palavras, Freud distingue o isolamento factual do mundo do desprendimento da libido, que é perfeitamente compatível com a manutenção no mundo — o que testemunhamos hoje com todos aqueles que chamamos de autistas de Asperger. Se reformularmos em termos lacanianos, a escolha do isolamento não faz o fora do discurso da psicose, o qual é até mesmo propício a tomar uma posição na cidade do discurso, onde o psicótico "entra como mestre", como já mencionei.

Freud deu a fórmula de base dos delírios como tentativas de cura: "Eu não o amo". Quem, então? Ele, os outros, e ele deduz gramaticalmente daí as diversas formas: a perseguição que transforma o verbo, eu não o amo, por eu o odeio, que leva, por projeção, ao ele me odeia.

A erotomania, que transforma o sujeito, não sou eu quem o ama, é ele quem me ama. A megalomania, que transforma o objeto, eu não o amo, sou eu quem eu amo. Tudo começa, portanto, com o "eu não o amo". Digamos, a hostilidade primária ao estrangeiro, ao outro, tão cara a Freud, que ele imputa até mesmo à sua mítica célula originária, que teria sido forçada a entrar em contato com o exterior, forçada, portanto, a sair da autossuficiência.

Esse "não o amo" é a fórmula que Lacan retoma, exceto que ele a generaliza. Ele não faz dela algo particular à psicose, isso vale para a neurose e a perversão, e se diferencia, pois, daquilo que Freud chama de desprendimento da libido. Em "Televisão", ele evoca "o real que, por só poder mentir ao parceiro, inscreve-se como neurose, psicose e perversão. 'Eu não o amo', ensina Freud, vai longe nessa série, ao se repercutir ali"[9].

Há toda uma teoria do casal do amor, ou seja, a relação de objeto, seja ela qual for, na medida em que nenhuma faz relação sexual. No casal ali onde se acredita poder dizer "eu o amo", "é ela!", "é ele!", o real mente, pois cada um só está ligado a si mesmo, ou antes, ao objeto que, por faltar, determina seu mais-de-gozar. Daí o ritornelo sobre o qual Lacan volta tantas vezes, em última análise, não era ele, não era ela, e o sujeito apenas *se* repete, seja qual for a variedade de seus encontros, ele é feliz, é sempre ele mesmo que ele encontra. Em outras palavras, esse "eu não o amo" não é, segundo Lacan, peculiar à psicose. O "eu não o amo" é para todos, ele trabalha todos os laços sociais, e é solidário ao "Há do Um", estrutural.

---

[9]LACAN, J. (1973) Televisão. In: *Outros escritos*. Tradução de Vera Ribeiro. Rio de Janeiro: Jorge Zahar Editor, 2003, p. 515.

A diferença que Freud marcava ali como desprendimento da libido, porém Lacan a retoma, mas de forma diferente, creio eu, com a famosa expressão: "ele tem o objeto a no bolso". Distinto do sujeito, recortado, mas, por assim dizer, à disposição. Pelo contrário, quando ele não está no bolso, ele passeia por outros lugares, de várias formas, de uma criança para uma mãe, ou de um parceiro sexual, e, claro, dos vários *gadgets* do capitalismo. Por conseguinte, ele sustenta as buscas libidinais e, na fala, se desloca metonimicamente. Ele produz os dramas das separações e perdas, embora a libido volte sempre a funcionar. Uma fábula diz bem isso, é "A jovem viúva", de La Fontaine: "Onde, pois, está esse jovem marido que você me prometeu?", pergunta ao desolado no final do luto.

"No bolso", diz o investimento de um objeto conectado a si mesmo, um complemento de certa forma, pois, se ele está no bolso, não há mais por que procurá-lo. O psicótico seria um Adão com uma costela quebrada, e uma costela quebrada dói, mas que não a perdeu para fazer sua companheira. Ele terá, portanto, menos necessidade de companhia, é daí que saiu a ideia de que não há desejo na psicose. É uma diferença no nível da causa do desejo, a qual é o princípio dos dinamismos da libido. De quais fenômenos específicos aos sujeitos psicóticos esse investimento narcísico de si pode dar conta? De tudo o que às vezes se observa de indiferença autossuficiente no mundo à abulia, à apatia, à inércia, às vezes. De ausência de combatividade, de ambição, de desejo sexual, tudo aquilo que foi inicialmente comentado em termos de $\Phi°$. Um exemplo disso é, a meu ver, o "morador de rua" [*clodo*] e os sacos de lixo que ele carrega e que ele não abandona, apesar de seu peso. São sujeitos relativamente impermeáveis às injunções discursivas que os incitam a "seja um homem, meu filho", e que os serviços públicos se veem reduzidos a cuidar. No caso deles, o objeto *a* no bolso designa, portanto, claramente, um atentado ao laço, é um modo de "fora do discurso", de certa forma. Mas não é o único e há outros casos exemplares que, longe dessa autossuficiência que se poderia qualificar como narcisismo de perdição social, desenvolvem justamente o contrário, antes, o narcisismo salvador do escabelo, que restaura um laço. Então, como explicar que, com o mesmo tipo clínico, temos exemplos--padrão tão diferentes, os desabonados do escabelo e os frenéticos do escabelo?

Compreende-se que o escabelo pode ser mais crucial quando há desprendimento da libido, já que o escabelo fabrica um laço, um laço particular, diferente dos "laços estabelecidos", certamente, mas que tem uma função de nomeação. O escabelo é mais do que a tentativa de curar o delírio, ele é cura, ele trata efetivamente do laço, ao menos por um tempo, e concebemos que essa cura seja mais urgente em sujeitos em ruptura de laço. Aqui, novamente, mensuramos a função positiva da aspiração narcisista, ela estava presente desde o estádio do espelho, de acordo com Lacan, e adquire toda a sua magnitude aqui. Não devemos esquecer, com efeito, que para os sujeitos psicóticos não é apenas o laço social que causa problema, mas além dos problemas de linguagem e de corpo, a própria vida, a famosa "desordem na junção mais íntima do sentimento de vida"[10]. Nesse aspecto também o

---

[10] LACAN, J. (1955) De uma questão preliminar a todo tratamento possível da psicose. In: *Escritos*. Tradução de Vera Ribeiro. Rio de Janeiro: Jorge Zahar Editor, 1998, p. 565.

narcisismo do escabelo é um recurso, como um sobressalto salvador que reconecta a vida ao campo social. E quem pode duvidar que os casos mais graves, em todo caso para eles próprios, são precisamente aqueles em que falta esse sobressalto narcisista?

DISCUSSÃO

Nelly Guimier: A senhora diz que o neurótico é insubmersível. Podemos deduzir que o sujeito que se suicida não comete um ato de neurótico?

C.S.: Há algum suicídio entre os neuróticos, essa é a sua pergunta? O que é verdade é que, quando Lacan falou do neurótico insubmersível, ele não proferiu essa expressão no que diz respeito à relação com a vida em geral; ele a usou para qualificar os desastres que acontecem na vida, em particular em tempos de guerra, para dizer que aqueles neuróticos que iam tão mal antes da guerra estavam em boa forma durante a guerra. Porque... ele não desenvolveu isso, mas foi aí que ele disse *insubmersível*. Isso está de acordo com a afirmação de Freud ao dizer que as formações coletivas têm um efeito terapêutico sobre os sintomas individuais. É a ideia que estas situações graves produzem uma espécie de indução de solidariedade, de indução coletiva em direção a uma luta decidida, isso pode ser uma benção para os neuróticos, que estão às voltas com sua dúvida e sua incerteza, seu desejo duvidoso e problemático.

Além do mais, não há indicação em Lacan que iria no sentido de dizer que todo suicida seria um psicótico. Há mesmo indicações que vão em outros sentidos, por exemplo, em "Função e campo da fala e da linguagem em psicanálise" (p. 321 dos *Escritos*), Lacan evoca três formas do desejo de morte, não da pulsão de morte, mas do desejo de morte, que é outra coisa. Há uma da qual ele dá a fórmula: é a "renúncia suicida do vencido abandonando o mestre à sua desumana solidão". E em seguida, uma terceira forma de desejo de morte, a mais alta de acordo com ele em certos contextos, o suicídio que sacrifica a vida em vez de renunciar àquilo que confere à vida humana suas razões. Cito isso de memória.

Há outras evocações do suicídio em Lacan, que iriam na direção justamente dos neuróticos: é a esperança que leva ao suicídio, diz "Televisão", ou seja, as ilusões. Ele diz isso depois da experiência de 1968 e o desmoronamento de um grande número de jovens nos anos seguintes à desilusão, justamente.

Não podemos, portanto, dizer que, segundo Lacan, o suicídio é um índice diagnóstico, por outro lado, há todo interesse em conhecer a fenomenologia dos suicídios melancólicos, a qual é muito peculiar.

Sophie Henry: Vemos no campo social pessoas que conseguiram se fazer um escabelo bonito e, em um dado momento, jogam a toalha, desmoronam. Quais são os limites do escabelo?

C.S.: A desvantagem do escabelo que estabelece um laço por meio da mediação de um objeto oferecido e comprado, em certa medida, com o dízimo, é que o escabelo está à mercê das circunstâncias e que ele é instável. Há uma descontinuidade temporal muito mais acentuada do que para os sujeitos que são apalavrados a um discurso. O discurso não está à mercê das circunstâncias, ele estrutura as circunstâncias, absorve-as, não está à mercê daquilo que chamei de outrem.

O escabelo trata do laço, mas não é para a vida toda, é como o amor, é um cuidado efêmero.

Evangelina Planas: Pergunta sobre a psicose. No seminário 3, Lacan diz que reconhecemos a psicose pelos transtornos da linguagem, o significante no real da alucinação. Em "Televisão", ele retoma a ideia da foraclusão do simbólico e do retorno no real. A senhora fala da distinção entre o sintoma como significante no real, a letra no real? Será que na psicose esse significante no real é uma operação diferente daquela do sintoma como letra no real? Será que não há uma operação prévia para diferenciar da letra sintoma?

C.S.: Lacan aborda a psicose pelos fenômenos de linguagem no seminário 3, o que não quer dizer que a psicose se reduza a fenômenos de linguagem. Nem tudo é linguagem, esse era o título de uma de nossas revistas e, se não tivermos isso em mente, não vamos diagnosticar todas as psicoses. Há psicóticos que não têm neologismos, que não têm alucinações, que não têm sentenças interrompidas. Mas para esses há fenômenos que correspondem ao efeito da linguagem. Quais são eles? Eles estão no corpo e no gozo. Não reduza toda a psicose aos fenômenos de linguagem, por isso insisti bastante ao dizer que, quando nos questionamos sobre o que é a psicose, podemos abordá-la de diferentes maneiras. A linguagem, a fala, já não é a mesma coisa. Em seguida, os fenômenos de corpo, o gozo, o desejo.

No início do ensino de Lacan, havia um critério radical de que, para haver psicose, era preciso alucinações psicóticas ou neologismos eram necessários. Com o que começamos a fabricar neologismos aos montes, pois não é porque a língua se fende que estamos no neologismo! Talvez tenhamos passado para o oposto, porque agora diagnosticamos a psicose de uma forma difusa, pouco precisa, sobretudo quando não há fenômenos paradigmáticos da linguagem.

Quanto à diferença entre o significante no real da psicose, que se impõe ao sujeito, e o significante no real do inconsciente real, acredito que não há nenhuma, mas é difícil compreender isso porque não assimilamos que o inconsciente real implica, em Lacan, uma esquize entre o sujeito e seu inconsciente, que não se impõe menos, assim como há uma esquize na alucinação verbal entre o "estou vindo do açougueiro"... e a "porca" que se alucina.

O que faz a junção entre os dois, o eu do sujeito e seu inconsciente, é que o inconsciente toca o corpo. Vamos dizer que na psicose a linguagem não toca o corpo? Isso seria arriscado! Essas são questões que deveriam ser trabalhadas bastante detalhadamente. Não deveríamos nos precipitar em dizer que é diferente. Primeiramente, seria necessário compreender o que é o inconsciente real segundo Lacan.

Lucile Cognard: A senhora lembrou como Lacan considerava as coisas com Joyce com relação a fenômenos que seriam psicóticos. Por que ele se colocou essas questões, se ele era um redentor etc.? A senhora terminou concluindo que ele tinha acabado de concluir a uma não identificação com seu próprio corpo. Que questão ele tinha por trás disso?

C.S.: Lacan se perguntou se Joyce era psicótico, disso não há dúvidas. Ele diz que não seria um privilégio. A psicose de Joyce era afirmada por Jung, um psiquiatra que o tinha diagnosticado como esquizofrênico. Jung ficou exasperado quando leu *Ulysses*, ele percebeu que não se tratava da ordem da associação livre. Lacan enfrenta a questão. O que é interessante em Joyce é mostrar todos os níveis em que há o significante fora da cadeia e a implicação na relação com o corpo. Lacan não concluiu com a psicose, mas fala de suspeição; "o abandono [*le laisser tomber*] do próprio corpo" é sempre suspeito para um psicanalista. Eis um outro fenômeno que pode ser atribuído à psicose.

Este livro foi impresso em abril de 2021 pela
Assahi Gráfica para Aller Editora. A fonte usada
no miolo é Palatino Linotype corpo 10,5.
O papel do miolo é Pólen Soft LD 80 g/m².